海外安全ハンドブック

Overseas Safety Handbook 第3版

鳥取大学
竹田洋志 監修

今井出版

まえがき

　近年、世界各地でテロが起こり、留学や海外での経済活動を中止や一時中断せざるを得ない状況も発生している。また、テロには至らないまでも、治安の悪化により海外での活動が当初の予定通り実施できないケースも多く見受けられる。

　筆者らが教鞭をとる鳥取大学では、2013年10月より「海外安全教育（2014年4月より海外安全マネジメント）」を開講し、本書を教科書とし講義を行い、海外研修に参加する学生には本科目（2単位）を必修としている。本科目では、まず初めにリスク管理と危機管理の基本を学び、次に海外渡航に関係の深い国際法について学び、さらに我が国の外務省に加えて、外国政府サイトからの情報収集を行っている。続いて、医療面で気を付けること、海外で起こりやすいトラブルとして、お金に関するトラブル、交通に関するトラブル、薬物に関して学ぶ。最後には、長期で海外に滞在するときの注意について学ぶ。また、本書には書かれていないが、危機管理やメンタルヘルスの専門家を招いての講義も実施している。

　学生にとっては、在学中に経験できる留学・海外研修では、1ヶ月程度の語学研修や文化研修、資料収集から1年間の交換留学が一般的であるが、本書で概ね対応可能となっている。

　本書を活用することで、海外でトラブルにあう可能性を減らし、万が一トラブルにあった場合でもその影響を少しでも減らすことで、留学や海外での業務が当初の予定通りに遂行できることを願っている。

2016年9月

竹田　洋志

目　次

第1章　はじめに ……………………………………………………………… 05
第2章　リスク管理と危機管理 ……………………………………………… 06
第3章　国際法 ………………………………………………………………… 09
　　1）シェンゲン協定 …………………………………………………………… 09
　　2）道路交通に関する条約 …………………………………………………… 13
　　3）ワシントン条約（CITES）……………………………………………… 16
第4章　出入国管理 …………………………………………………………… 18
　　1）旅券（パスポート）……………………………………………………… 18
　　2）査証（ビザ）……………………………………………………………… 24
　　3）出入国審査、税関検査、検疫（CIQ）………………………………… 26
　　4）国籍法 ……………………………………………………………………… 27
第5章　安全情報の収集 ……………………………………………………… 29
　　1）外務省海外安全ホームページの活用…………………………………… 29
　　2）海外政府関係機関サイトの活用 ………………………………………… 33
第6章　渡航先での病気と感染症 〜予防と生活上の注意点〜 ………… 36
　　1）一般的な病気や感染症に対する注意事項 ……………………………… 36
　　2）予防接種 …………………………………………………………………… 37
　　3）海外で注意すべき感染症 ………………………………………………… 40
　　4）海外で生活する上での注意点 …………………………………………… 43
　　5）こんなときにどうする？………………………………………………… 47
第7章　海外での種々のトラブルとその対処法 …………………………… 53
　　1）道路交通規則および移動時のトラブル ………………………………… 53
　　2）金銭に関する犯罪被害 …………………………………………………… 65
　　3）薬物四法 …………………………………………………………………… 71
　　4）その他 ……………………………………………………………………… 73
第8章　航空券・海外旅行保険 ……………………………………………… 76
　　1）航空券 ……………………………………………………………………… 76
　　2）海外旅行保険……………………………………………………………… 80
第9章　緊急時の対応 ………………………………………………………… 84
　　1）自然災害への備え ………………………………………………………… 84
　　2）自然災害で外に出られない場合に備えて ……………………………… 84

3）政情不安、治安悪化時の対応 ……………………………………………………… 85
　　4）緊急帰国に備えて ……………………………………………………………………… 86
第10章　留学や海外プロジェクトなどで海外に居住する際の安全管理 … 92
　　1）短期滞在と長期滞在によるトラブルの違い ………………………………………… 94
　　2）海外における事件・事故の傾向 ……………………………………………………… 94
　　3）海外におけるリスクの傾向 …………………………………………………………… 96
　　4）海外で長期滞在をする場合の一般的留意事項 ……………………………………… 99
　　5）個別の安全対策 ……………………………………………………………………… 103
　　6）健康管理 ……………………………………………………………………………… 109
第11章　メキシコ事情 …………………………………………………………………… 115

付録Ⅰ　渡航の手続き …………………………………………………………………… 120
付録Ⅱ　海外渡航時に事前に調べておきたい項目 …………………………………… 122
付録Ⅲ　用語リスト（5ヶ国語） ……………………………………………………… 124
持ち物リスト ……………………………………………………………………………… 140
索　引 ……………………………………………………………………………………… 142

第1章 はじめに

　日本からの出国者数は1990年にはじめて1,000万人を突破して以来、世界情勢によって減少した時期はあるものの、2004年以降は毎年1,500万人以上となっている。近年、グローバル化に対応する教育が進んでおり、学生の海外研修も盛んで、大学によっては全員留学を必修としているところもある。

　気軽に海外旅行ができるようになり、また多くの学生が海外研修に参加するようになった反面、渡航先の情勢、マナー、習慣、タブーなどを十分に学ぶことなく国内旅行と同じ感覚で外国に行く旅行者が増えていると考えられる。外国では言語・文化・習慣・食べ物・宗教など、日本との違いが多く存在する。異文化を経験することはよいことであるが、一方で過度のストレスから体調を崩す、事故にあう、犯罪に巻き込まれる、法律・制度の違いからトラブルにあう、といったことが予想される。

　本書では、海外で起こりがちなトラブルを防ぐために、まずリスク管理と危機管理の基本について述べ、渡航先の情勢について情報収集をし、次に身体・生命、お金、交通、麻薬などの項目別に具体的に起こりうるトラブルについて、そしてトラブルが起こった時に役に立つ海外旅行保険、緊急帰国、最後に海外で長期滞在する場合の注意について解説する。

　本書では、護身術やトラブルの解決法について述べるのではなく、起こりうるトラブルを事前に知っておくことで、トラブルにあう確率を下げ、万が一トラブルにあった場合にその被害や影響を最小限に抑えることを目指すものである。

　本書を活用することで、より多くの人が海外に渡航し、旅行をはじめ、留学、ビジネスなどを無事に終え帰国することを願うものである。

第2章 リスク管理と危機管理

「リスク管理」と「危機管理」の違い

　この2つは似通った意味にとらえられることも少なくないが、実際には大きく異なる。「リスク」とはまだ発生していない事態を指し、「危機」とは既に発生した事態を指す。これを踏まえて、「リスク管理」とは、これから起きるかもしれない事態に対する準備を表し、「危機管理」とは、発生した事故に対して、そこから受ける影響をなるべく小さくしようとする行動を表す。

　リスク管理と危機管理の事例として次のようなものが挙げられる。
- 自動車におけるアクティブセーフティー（能動的安全、予防安全）とパッシブセーフティー（受動的安全、衝突安全）
- 医療における予防と治療
- 天気予報を調べ、傘を持って出るかどうかを判断することと、雨が降ってから雨宿りしたり傘を購入したりすること。

　この時、事故に対して許容できる範囲を検討しておくとよい。例えば、金銭的被害であれば1,000円までなら許容できる、けが・病気なら通院1回程度で済む範囲は許容できる、など。

概　要

　リスク管理でははじめにリスクを特定し、次に特定したリスクを分析し、そのリスクが発生する頻度と影響の大きさの点から評価する。
・リスク特定（risk identification）：リスクを発見し、認識し、記述する
・リスク分析（risk analysis）：リスクの特質を理解し、リスクレベルを決定する

- リスク評価 (risk evaluation)：リスク (とその大きさ) が受容可能か (許容可能か) を決定するためにリスク分析の結果をリスク基準と比較する

  参考 「日本工業規格JIS Q31010: 2012(IEC/ISO 31010: 2009) リスクマネジメントーリスクアセスメント技法」
  http://kikakurui.com/q/Q31010-2012-01.html

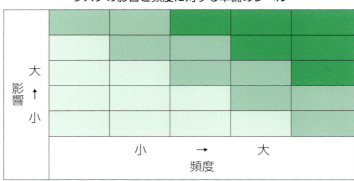

リスクの影響と頻度に対する準備のレベル

参考 「経済産業省　リスクアセスメント・ハンドブック実務編(2011年6月)」(p.23)
http://www.meti.go.jp/product_safety/recall/risk_assessment_practice.pdf

　頻度としては、「年に1回以上」、「数年に一度」、「滅多に起きない」のような分類をしておくとよい。頻度が高く影響が大きいものは、優先的に高度な準備を要するが、頻度・影響共に小さいものは簡単な準備で済ませる、または何もしない場合もある。

ヒヤリ・ハット

　ヒヤリ・ハットとは、工場における災害の経験則で、重大な災害や事故には至らないものの、それらに直結してもおかしくない一歩手前の事例の発見のことをいう。文字通り、「突発的な事象やミスにヒヤリとしたり、ハッとしたりするもの」である。

　ヒヤリ・ハットは、実際には事故に至っていないため忘れ去られてしまうことも多い。しかし重大事故の前にはこうしたヒヤリ・ハットが起きている場合が多いので、そのような情報を集約して、大きな事故を未然に防がなくてはならない。

　ハインリッヒの法則によると、「1件の重大な事故や災害の裏には、29件の軽微な事故や災害、そして300件のヒヤリ・ハット（事故や災害には至らなかったがひやりとした、ハッとした事例）がある」とされる。重大事故や災害の防止のためには、事故や災害の発生が予測されるヒヤリ・ハットの段階で対処していくことが必要である。

ハインリッヒの法則

CHAPTER 3

第3章
国 際 法

概　要

　「国際法」とは、国家間の合意に基づき、国家間の関係を規律する法であり、条約と国際慣習法からなる。本書では、海外渡航に特に関係が深い、欧州における出入国管理、国際運転免許証、動物の輸出入について述べる。

　国際法を解釈するのは批准国であり、いったん批准すれば国内法よりも優先される。批准国におけるその解釈の違いから紛争に至る場合もある。

　条約には、協定・協約・規約・憲章・宣言・覚書・議定書などの名称もある。日本においては内閣が条約を締結する権限を有するが、その調印後に国会において承認を得る必要がある。

条約・協定

１）シェンゲン協定（Shengen Treaty）

　シェンゲン協定を理解するためには、まず欧州連合（European Union：EU）について知っておく必要がある。欧州連合は、欧州連合条約によって設立された欧州の地域共同体である。欧州連合では、単一欧州議定書により市場が統合され、シェンゲン協定により域内での国境通過の手続きが簡略化・省略された。さらに、欧州連合条約の発効により、外交・安全保障分野と司法・内務分野での協力の枠組みが設けられると共に、共通通貨ユーロ（Euro）の導入による通貨統合が実施された。加盟国数は1957年の欧州経済共同体（European Economic Community：EEC）設立時の６ヶ国（ベルギー、フランス、ドイツ、イタリア、ルクセンブルク、オランダ）から、2013年７月のクロアチ

ア加盟による28ヶ国となった。

　シェンゲン協定は、欧州経済共同体に加盟していたベルギー、フランス、ルクセンブルク、オランダ、西ドイツの５か国が1985年に署名した文書である。1990年に署名されたシェンゲン協定施行協定はシェンゲン協定を補足する内容であり、協定参加国の間での国境検査を撤廃することが規定された。シェンゲン協定という名称は、この２つを合わせたものとして用いられる。1997年に署名されたアムステルダム条約ではこれら２つを欧州連合の法として取り入れた。

　シェンゲン協定により国境検査が撤廃された国は、欧州連合非加盟のスイス、ノルウェーを含めて26ヶ国（2016年７月現在）となっている。イギリスとアイルランドは欧州連合加盟国であってもシェンゲン協定を批准していないため、これらの２国とシェンゲン協定締結国との間の移動では国境検査が実施される。

欧州連合およびシェンゲン協定の加盟国

（2016年７月現在）

欧州連合かつシェンゲン協定	イタリア、エストニア、オーストリア、オランダ、ギリシャ、スウェーデン、スペイン、スロバキア、スロベニア、チェコ、デンマーク、ドイツ、ハンガリー、フィンランド、フランス、ベルギー、ポーランド、ポルトガル、マルタ、ラトビア、リトアニア、ルクセンブルク（22ヶ国）
欧州連合のみ	アイルランド、イギリス（２ヶ国）
	シェンゲン協定に署名したが、現時点で施行していない国 キプロス、クロアチア、ブルガリア、ルーマニア（４ヶ国）
シェンゲン協定のみ	アイスランド、スイス、ノルウェー、リヒテンシュタイン（４ヶ国）
	シェンゲン協定非加盟であるが、すべての国境がシェンゲン圏と接する国 モナコ、サンマリノ、バチカン（３ヶ国）

EUとシェンゲン協定加盟国（2016年7月現在）
■ 欧州連合かつシェンゲン協定　■ 欧州連合のみ　■ シェンゲン協定のみ
■ シェンゲン協定に署名したが現時点で施行していない

シェンゲン協定締結国間の移動においては、旅行者の立場から見れば出入国審査、税関検査、検疫（p.26参照）が省略されることを意味する。これらの国々を行き来する場合は、原則として国内での移動と同じである。しかし、ビザ免除でシェンゲン国に滞在できるのは「あらゆる180日間の期間内で最大90日間」に限られ、シェンゲン国以外の国に一時出国しても滞在許可期間が伸びるわけではない。日本のパスポートでシェンゲン国に渡航する場合、シェンゲン国での滞在が90日以内であればシェンゲン共通ビザ政策が適用されビザが免除される。ただし、パスポートの残存有効期間が3ヶ月以上あることが必要である。

　シェンゲン協定締結国間の移動が実質的に国内移動と同じになることにより、日本からあるシェンゲン協定締結国（A国とする）を経由して別のシェンゲン協定締結国（B国とする）に向かう場合、A国で入国審査を受け、最終到着地であるB国で税関検査を受けることになる。前述の逆の経路で日本へ帰国する場合には、A国で出国審査を受けることとなる。日本と欧州を行き来する場合、どの国で出入国審査が行われるのかを下記の表に示す。

　また、1952年には、デンマーク、フィンランド、アイスランド、ノルウェー、スウェーデンが北欧旅券同盟を結成し相互に自由な渡航を認め、1958年には国境検査を撤廃した。

日本から欧州へ渡航する際の入国地

経　路	欧州への入国地	第2フライト
東京～パリ～バルセロナ	パリ	国内線と同様
東京～チューリッヒ～アテネ	チューリッヒ	国内線と同様
東京～パリ～ニース	パリ	国内線
東京～パリ～ロンドン	ロンドン	国際線
東京～ロンドン～パリ	パリ	国際線

税関検査は最終到着地

欧州から日本へ帰国する際の出国地

経　　路	欧州からの出国地	第1フライト
バルセロナ～パリ～東京	パリ	国内線と同様
アテネ～チューリッヒ～東京	チューリッヒ	国内線と同様
ニース～パリ～東京	パリ	国内線
ロンドン～パリ～東京	ロンドン	国際線
パリ～ロンドン～東京	パリ	国際線

税関検査は日本到着時

国際列車利用時の出入国管理

経　　路	国際・国内の扱い	出入国手続き
〈ユーロスター〉 ロンドン～パリ	国際列車	あり
〈タリス〉 パリ～ブリュッセル	国内列車と同様	なし
〈ICE〉 アムステルダム～ベルリン	国内列車と同様	なし

2）道路交通に関する条約

　ここでは、海外で自動車を運転する際に必要となる国際運転免許証について解説する。国際運転免許証の発行は道路交通に関する条約に基づいており、その条約には、

- 道路交通に関する条約（1949年9月19日ジュネーブで作成、1952年3月26日発行。通称「ジュネーブ交通条約」）
- 道路交通に関する条約（1968年11月8日ウィーンで作成、1977年5月21日発行。通称「ウィーン交通条約」）

それぞれに国際運転免許証が存在するが、日本はジュネーブ交通条約のみ締結しておりウィーン交通条約は締結していないため、ジュネーブ交通条約により交付される国際運転免許証でのみ日本での運転が認められる。また、日本で発行される国際運転免許証は、ジュネーブ交通条約

締結国のみにおいて有効である。国際運転免許証は、所有する運転免許証の翻訳証明書として機能しており、条約締結国間相互において有効となる。

制度の概要

　法令では、外国で交付された国際運転免許証を「国際運転免許証」と呼び、日本の都道府県公安委員会で交付されたものを「国外運転免許証」と呼ぶ。しかし、これは法令における区別のためであり、国外運転免許証に記載されている日本語表記は「国際運転免許証」である。また、ジュネーブ交通条約においては18歳未満の者は、国内で有効な運転免許証を有していても、国際運転免許証は発給されない。いずれかの条約の国際運転免許証を持ち、その条約の批准国に上陸した者は、上陸した日から原則として最大1年間（国内法により短縮の場合あり）その国の定める運転免許証を有していなくても自動車などの運転を行うことができる。ジュネーブ交通条約締結国は2015年1月現在、p.15の表に示す95ヶ国である。

　国外運転免許証は所持する運転免許証の翻訳としての証明であるので、日本の運転免許証を携帯する必要がある。

　ドイツはウィーン交通条約のみの締結国であるが、ドイツと日本の間での取り決めにより、日本国内で発給された国際運転免許証と国内免許証（または、国内免許証とドイツ語翻訳）の携帯によってドイツ国内での運転が正式に許可される。現在では2国間の取り決めにより、日本とドイツ以外にも多くの国の間で国際運転免許証の相互使用が認められている。

日本での申請方法

　住所地の公安委員会が管轄する運転免許試験場（運転免許センター）や、住所地を管轄する警察署（一部は不可。詳しくは住所地の免許センターへ）に赴いて申請する。

国外運転免許証が有効な国等（ジュネーブ交通条約加盟国）

アジア	フィリピン、インド、タイ、バングラデシュ、マレーシア、シンガポール、スリランカ、カンボジア、ラオス、韓国
中近東	トルコ、イスラエル、シリア、キプロス、ヨルダン、レバノン、アラブ首長国連邦
アフリカ	南アフリカ、中央アフリカ、エジプト、ガーナ、アルジェリア、モロッコ、ボツワナ、コンゴ民主共和国、コンゴ共和国、ベナン、コートジボワール、レソト、マダガスカル、マラウイ、マリ、ニジェール、ルワンダ、セネガル、シエラ・レオネ、トーゴ、チュニジア、ウガンダ、ジンバブエ、ナミビア、ブルキナファソ、ナイジェリア
欧州	イギリス、ギリシャ、ノルウェー、デンマーク、スウェーデン、オランダ、フランス、イタリア、ロシア、セルビア、モンテネグロ、スペイン、フィンランド、ポルトガル、オーストリア、ベルギー、ポーランド、アイルランド、ハンガリー、ルーマニア、アイスランド、ブルガリア、マルタ、アルバニア、ルクセンブルク、モナコ、サンマリノ、バチカン、キルギス、ジョージア、チェコ、スロバキア
アメリカ	アメリカ、カナダ、ペルー、キューバ、エクアドル、アルゼンチン、チリ、パラグアイ、バルバドス、ドミニカ共和国、グアテマラ、ハイチ、トリニダード・トバゴ、ベネズエラ、ジャマイカ
オセアニア	ニュージーランド、フィジー、オーストラリア、パプアニューギニア
行政区域	香港、マカオ

出典「警察庁　国外運転免許証が有効な国等（ジュネーブ交通条約加盟国）」http://www.keishicho.metro.tokyo.jp/menkyo/menkyo/kokugai/kokugai04.html

3）ワシントン条約（CITES）

　ワシントン条約（Convention on International Trade in Endangered Species of Wild Fauna and Flora：絶滅のおそれのある野生動植物の種の国際取引に関する条約）は、一定の野生動植物の種が過度に国際取引に利用されないよう、これらの種を保護することを目的とした条約である。

設立の経緯

　1973年にワシントンにおいて81ヶ国が参加して「野生動植物の特定の種の国際取引に関する条約採択のための全権会議」が開催され、同年3月に「絶滅のおそれのある野生動植物の種の国際取引に関する条約」が採択された。本条約は、ワシントンにおいて採択されたことから、ワシントン条約と呼ばれている。本条約は、1975年4月2日に所定の発効条件を満たし、同年7月1日に効力を生ずることとなった。

　我が国は1975年4月30日に本条約に署名し、1980年4月25日第91回通常国会において本条約の締結が承認され、1980年11月4日に発効した。2014年5月6日現在で180ヶ国・地域が本条約を締約している。

目的及び内容

　ワシントン条約は、自然のかけがえのない一部をなす野生動植物の特定の種が過度に国際取引に利用されることのないようこれらの種を保護することを目的とした条約である。この条約は、絶滅のおそれがあり保護が必要と考えられる野生動植物を附属書Ⅰ、Ⅱ、Ⅲの3つの分類に区分し、附属書に掲載された種についてそれぞれの必要性に応じて国際取引の規制を行うこととしている。

	附属書Ⅰ	附属書Ⅱ	附属書Ⅲ
記載基準	絶滅のおそれのある種で取引による影響を受けている又は受けるおそれのあるもの	現在は必ずしも絶滅のおそれはないが、取引を規制しなければ絶滅のおそれのあるもの	締約国が自国内の保護のため、他の締約国・地域の協力を必要とするもの
規制内容	学術研究を目的とした取引は可能。輸出国・輸入国双方の許可書が必要	商業目的の取引は可能。輸出国政府の発行する輸出許可書等が必要	商業目的の取引は可能。輸出国政府の発行する輸出許可書又は原産地証明書等が必要
対象種（例）	オランウータン、スローロリス、ゴリラ、アジアアロワナ、ジャイアントパンダ、木香、ガビアルモドキ、ウミガメ　など	クマ、タカ、オウム、ライオン、ピラルク、サンゴ、サボテン、ラン、トウダイグサ　など	セイウチ（カナダ）、ワニガメ（アメリカ）、タイリクイタチ（インド）、サンゴ（中国）　など

引用 「経済産業省　ワシントン条約について」（条約全文、付属書、締約国など）

http://www.meti.go.jp/policy/external_economy/trade_control/02_exandim/06_washington/cites_about.html

第4章 出入国管理

1）旅券（パスポート）

　旅券とは、政府ないしそれに相当する公的機関が交付し、国外に渡航するものに国籍およびそのほか身分に関する事項に証明を与え、外国官憲に保護を依頼する公文書である。

　日本には、（一般）旅券・公用旅券・外交旅券・緊急旅券の4種類の旅券があり、（一般）旅券には有効期限が5年（紺色）と10年（赤色）がある。未成年者は有効期限が5年の旅券のみ取得できる。旅券の種類を以下に示す。

旅券の種類

種類	内容
（一般）旅券 Passport	5年用（紺色）と10年用（赤色）の2種類の有効期間がある。成人者はいずれも選択できるが、未成年者は5年に限定される。
公用旅券 Official Passport	国会議員や公務員、公的機関の職員などが公務で外国へ渡航する場合に交付される。赴任と帰朝の往復のみ有効な一次旅券が原則。
外交旅券 Diplomatic Passport	皇族、三権の長（内閣総理大臣、衆議院議長、参議院議長、最高裁判所長官）、国務大臣等政府高官、特命全権大使、外交官等が公務で渡航する場合に交付される。任地までの往復の一次旅券が原則。
緊急旅券 Emergency Passport	在外公館の事情により機械読み取り式の（一般）旅券の交付が不可能で、かつ、本国外務省での旅券交付を待つ時間的余裕がない場合や、帰国のための渡航書の交付基準に当たらない場合に交付される。有効期限は1年。機械式読み取り、ICチップによる読み取りは不可能。

（一般）旅券　5年用（紺色）

旅券の表紙にはICパスポートを示す世界共通マークが表示されており、冊子中の厚紙にICチップが埋め込まれている。ICパスポートやIC搭載身分証明書が普及した国・地域では自動出入国システムの整備が進んでいる。日本でも主要国際空港に自動化ゲートが設置され、あらかじめ登録した旅券を利用して指紋認証と合わせて出入国の手続きを行うことができる。

現在日本国内で発給される（一般）旅券はすべてICパスポートであるが、外国で紛失した際に当該国の在外公館で新規発給を受けた場合、国によってはICチップを内蔵していない旅券が発給される場合がある。その場合、以後の旅行において、渡航先によっては査証を取得する必要のある場合がある。

記載事項

　（一般）旅券の身分事項ページに記載されている項目は次のとおりである。型（パスポートの頭文字P）、発行国（JPN）、旅券番号、姓、名、国籍（JAPAN）、生年月日、性別、本籍（都道府県）、発行年月日、有効期間満了日、所持人自署、発行官庁（MINISTRY OF FOREIGN AFFAIRS）

第4章　出入国管理

緊急旅券と緊急発給

緊急旅券は前記のとおりの旅券のひとつであるが、緊急発給は家族が外国で事故にあった時に緊急で駆けつける場合などに利用される。

旅券の申請

各県の旅券窓口（パスポートセンター、旅券事務所）で旅券を申請できるのは、原則としてその県に住民登録している人だけである。現在在住している県以外に住民登録をしている人は、学生などタイミングによっては居所申請ができるケースがあるので、自治体に確認されたい。

旅券の申請に必要な書類は下記の通りである。
1. 一般旅券発給申請書　1通
2. 戸籍抄（謄）本　1通（申請日6ヶ月以内に発行されたもの）
   ※戸籍のコンピューター化が行われている自治体では戸籍全部（個人）事項証明書と呼ばれる。
3. 写真（縦45㎜×横35㎜　ふちなし）　1枚
4. 申請者本人の確認書類
   運転免許証や住民基本台帳カード（写真付き）を持っている場合は1点で可能。持っていない場合は、保険証と写真付き身分証明書などの2点を準備すること。
5. 有効期限の切れた旅券（以前旅券を取得したことがある人のみ）

これらについて詳細は外務省ウェブサイトまたは各都道府県ウェブサイトを確認されたい。

旅券の受取りには通常1週間程度かかる（受け取りは休日でも可能な自治体もある）。航空券購入時や旅行の予約時に旅券の写しが必要となる場合が多いので、早めの取得が望ましい。また、残存有効期間が1年以内になると更新手続きが可能となる。渡航先によって異なるが、入国時に残存有効期間が6ヶ月以上必要な国もあるので、早めの取得・更新が必要である。

旅券の盗難に注意

日本の旅券は、査証免除で入国できる国の数が世界でもトップクラスであり、それが理由で盗難にあいやすいと言われている。外国滞在中は、旅券は事実上唯一の身分証明書であり、旅券を紛失したり盗難にあったりすると、旅券の失効手続きをした上で、新規発給を受けるか、「帰国のための渡航書」の発給を受け帰国することとなる。ただし、帰国の日程が確定していない場合、「帰国のための渡航書」の発給を受けることはできず、旅券の発給を待つか、緊急旅券を申請することになる。

団体旅行の添乗員が旅券をまとめて保管している場合があるが、これは盗難のターゲットにもなりやすいので特に注意が必要である。

旅券紛失時の新規申請

海外で旅券を紛失したり盗難にあったりした場合には、在外公館（大使館、総領事館）で紛失届出をした上で新規発給申請を行う必要がある。また、ケースによっては「帰国のための渡航書」の発給を受けることもある。

必要な書類：
1. 紛失一般旅券等届出書　1通
2. 警察署の発行した紛失届出を立証する書類または消防署などの発行した罹災証明など
3. 写真（縦45㎜×横35㎜　ふちなし）　1枚
4. そのほか参考となる書類（必要に応じ、本人確認、国籍確認ができるもの）

上記の紛失（焼失）届出後、新たな旅券または帰国のための渡航書の発給を受けるためには上記の書類に加え、以下の書類が必要となる。

（新規に旅券を申請する場合）
1. 一般旅券発給申請書　1通

2．戸籍謄本または抄本
3．写真（縦45㎜×横35㎜　ふちなし）　1枚

(帰国のための渡航書を申請する場合)
1．渡航書発給申請書　1通
2．戸籍謄本または抄本または日本国籍があることを確認できる書類
3．写真（縦45㎜×横35㎜　ふちなし）　1枚
4．そのほか日程などが確認できる書類

> 出典 「外務省　国内及び国外でパスポートに関する申請手続きに通常必要な書類」
> http://www.mofa.go.jp/mofaj/toko/passport/pass_5.html

在外公館の役割

　在外公館は、外国と外交を行う上で重要な拠点である。現在、世界各地に大使館、総領事館、政府代表部がおかれているが、それぞれに異なる機能を備えている。

大使館 Embassy	基本的に各国の首都におかれ、その国に対し日本を代表するもので、相手国政府との交渉や連絡、政治・経済その他の情報の収集・分析、日本を正しく理解してもらうための広報文化活動などを行っている。また、邦人の生命・財産を保護することも重要な任務である。
総領事館 Consulate	世界の主要な都市におかれ、その地方の在留邦人の保護、通商問題の処理、政治・経済その他の情報の収集・広報文化活動などの仕事を行っている。
政府代表部 Permanent Mission, Permanent Delegation	国際機関に対して日本政府を代表する機関で、国際連合、ウィーンにある国際機関、ジュネーブにある国際機関と軍縮会議、OECD（経済協力開発機構）、EU（欧州連合）に対する政府代表部等がある。

> 出典 「在外公館リスト」
> 　　http://www.mofa.go.jp/mofaj/annai/zaigai/list/
> 「駐日外国公館リスト」
> 　　http://www.mofa.go.jp/mofaj/link/emblist/

旅券の残存有効期間

入国時に国によって、必要な旅券の残存有効期間は異なる。残存有効期間は変更されることもあるので、渡航にあたっては最新の情報の確認が必要である。

各国が必要とする旅券の残存有効期間

旅券残存有効期間	主な国・地域
帰国時まで有効	メキシコ、オーストラリア（要ETAS）
入国時90日以上有効	アメリカ（要ESTA）
入国時３ヶ月以上有効	台湾、韓国
入国時６ヶ月以上有効	インドネシア（余白が３ページ以上必要）、マレーシア
出国予定日＋１日以上有効	カナダ（要eTa）
査証申請時６ヶ月以上有効	ブラジル
出国時６ヶ月以上有効	アイルランド

輸出入禁止・禁制品

日本の法令により、輸出入が禁止または制限されているものがある。また、各国の法令により、同様の制限がある。

出典「輸出入禁止・規制品目（税関）」
　　　http://www.customs.go.jp/mizugiwa/kinshi.htm

在留届

旅券法第16条により、外国に住所又は居所を定めて３ヶ月以上滞在する日本人は、その住所又は居所を管轄する日本の大使館又は総領事館（在外公館）に「在留届」を提出するよう義務付けられている。

在留届は「在留届電子届出システム（ORRnet）」ウェブサイトから提出できる。万が一海外で事故や災害が起こった場合には、在外公館が「在留届」をもとにその地に滞在する日本人の所在地や緊急連絡先を確

認して援護をする。

> **参考** 「外務省ORRnet」
> https://www.ezairyu.mofa.go.jp/RRnet/

たびレジ

　滞在期間が3ヶ月未満の場合、たびレジに渡航先および旅行日程を登録することで、渡航先在外公館の連絡先、旅行先国の海外安全情報などが得られる。また、緊急時の情報提供として、在外公館が出す緊急一斉通報や、最新海外安全情報メールが送られる。渡航先の国・地域で緊急事態が発生した時には、登録した電話番号や、宿泊先を基に、緊急時の連絡を行う。

　たびレジは渡航予定がない場合でも登録することが可能であり、渡航者の家族、学校・会社等の関係者も同様の情報を得ることができる。

> **参考** 「たびレジ」外務省海外旅行登録
> https://www.ezairyu.mofa.go.jp/tabireg/

海外安全アプリ

　海外在住者や海外旅行・出張中の旅行者に、安全に係る情報を届けることを目的としたアプリで、スマートフォンのGPS機能を利用して現在地及び周辺国・地域の海外安全情報を表示することができる。また、各国・地域の緊急連絡先を確認することができる。

> **参考** 「海外安全アプリの配信について」
> http://www.anzen.mofa.go.jp/c_info/oshirase_kaian_app.html

2）査証（ビザ）

査証の発行

　査証（ビザ）は、国が自国民以外に対して、その人物の所持する旅券が有効であり、かつその人物が入国しても差し支えないと示す証書であ

る。査証の目的は、入国しようとする外国人が入国するにふさわしいかを事前判断する身分調査である。犯罪歴があるなど身元審査で不適格と判断されたものには査証が発行されず、その場合原則として入国は許可されない。また、査証は事前段階における入国許可申請証明の一部であり、査証を持っていても入国が許可されない場合もある。

　査証は外国人が入国する前に行われるため、その発行は原則的に各国の在外公館で行われる。一部の国を除き旅行対象国の査証は世界中のすべての在外公館において申請・需給が可能である。国によっては国境や空港の入国審査場において即時発行が可能な到着ビザ（Visa on Arrival）制度もある（ただし、一定の条件がある）。ただし、この場合も即時発行できる地点が限られている場合がある。旅行者の居住国あるいは国籍国の在外公館でのみ査証を発行する国もある。

　また滞在目的に応じて審査基準が異なり、数日間の観光・通貨滞在目的ならば比較的発行されやすいが、就学・就労・長期滞在目的での申請の場合、その受入れ保証（入学許可、ないし雇用企業の招聘状など）がなければ発行されない場合がある。

　黄熱の国際予防接種証明書（イエローカード）がないと査証の申請や入国ができない国もあるので、必要な場合は早めに準備することが必要である。

査証の免除

　一部の国の間では、観光などの目的での短期の渡航において、査証の発行を受けずに入国することが可能である。ただし、入国審査において査証がなくともよいという意味であり、入国審査や在留許可は必要である。

　アメリカ合衆国へ、短期観光および商用目的で渡航する場合には、日本人は査証免除（Visa Waiver Program：VWP）による入国が認められるが、事前にESTA（Electronic System for Travel Authorization：電子渡航認証）の申請が義務付けられている。原則と

して、渡航3日前までにESTAのウェブサイトから申請することが必要である。費用は14米ドル（2016年5月現在）でクレジットカードが必要である。ESTAを取得してもパスポートにはスタンプやステッカーはないので注意すること。確認はウェブサイトから行うことができる。

このほか同様の制度がオーストラリアのETAS、カナダのeTaなどがある。詳細は次のリンク先を参照されたい。

査証免除時の電子認証
- 「アメリカ（ESTA）」
  https://esta.cbp.dhs.gov/esta/
- 「オーストラリア（ETAS）」
  https://www.australia-etas.com/
- 「カナダ（eTa）」
  http://www.cic.gc.ca/english/visit/eta.asp

3）出入国審査、税関検査、検疫（CIQ）

外国に入国する、または外国から出国するときには出入国、税関、検疫などの審査・検査がある。これらをまとめてCIQと呼ぶ。日本においては、下記の省庁がそれぞれの業務を行っている。ただし、検疫は必要ない場合もある。

国境検査と日本における担当省庁

入国審査（Immigration）	人の審査（法務省）
検疫（Quarantine）	人、食品の検疫（厚生労働省）、動植物の検疫（農林水産省）
税関（Customs）	関税などの徴収、輸出入貨物の通関、密輸の取り締まりなど（財務省）

国によって担当する省庁は異なるが、業務は概ね同じである。これらの順番は国や空港によって異なる場合もある。また、出入国審査に関しては、空港における表示が、Immigration以外にもPassport ControlやArrivalsと表示されることもある。入国審査は、通常はその国の国民と外国人で別々のブースで行われる。

　入国審査では、あらかじめ記入しておいた出入国カード（E/Dカード）を税関申告書、出国の航空券（Eチケットの写し）と共に審査官に渡し、質問に答える。入国目的、滞在期間、滞在先・訪問先、職業などが英語で質問される。質問に対する回答に問題や疑問がある場合は、別室に移され、さらに詳しく質問されることもある。入国審査では、業務渡航であるにもかかわらず観光と答えたりすると、荷物検査で書類等が発見されると入国拒否をされる可能性がある。

　「第3章　国際法」p.9で述べたように、シェンゲン協定国においては出入国審査を原則廃止している。また、アメリカでは、入国審査は実施されるが出国審査は行われない、など国による制度の違いがみられる。

　また、2015年6月には、近い将来アメリカが成田国際空港でのプレクリアランスの実施を検討中と発表された。カナダでは既に実施しており、カナダからアメリカへ渡航する際の出入国管理については、指定された空港においてはカナダの空港においてカナダの出国審査後にアメリカの入国審査を受けることができる。日本においても、将来同様の制度が取り入れられる可能性がある。

4）国籍法

　日本国憲法第10条【日本国民の要件】において、日本国民たる要件は、法律でこれを定めるとなっている。国籍法は、日本国民たる要件を定めるために制定された法律であり、1950年5月4日に公布、同年7月1日に施工された。従来父系主義をとっていたが1984年5月に改正された。

　国籍の取得について、「出生地主義」とは領土内で生まれた子どもは

国籍を得るとする考え方である。一方、「血統主義」は父または母のいずれかがその国の国籍を得ていることが、子どもがその国の国籍を取得できるかどうかの要件であり、日本は血統主義をとっている。

日本国籍の取得条件

出生による国籍取得
- 生まれながらに国籍取得

    ただし出生により外国の国籍を取得した日本国民のうち国外で生まれた者は国籍留保届（出生後3ヶ月以内に提出）を提出しなかったときは、さかのぼって国籍を喪失する（再取得制度あり）。
- 出生の時に父または母が日本国民であるとき

    父のみが日本国民である場合は、父母が法律婚をしている場合か、父が胎児認知（出生前に認知）をすることを要する。出生後に認知した場合については3条が規定する。
- 出生前に死亡した父が死亡のときに日本国民であったとき
- 帰化による国籍取得

多重国籍者の国籍選択制度

日本と外国との多重国籍者で日本国籍を選択しようとする者は、外国及び日本の国籍を有することとなった時が20歳に達する以前であるときは22歳に達するまで、その時が20歳に達した後である時はその時から2年以内に、国籍選択の届け出をする。

しかし、日本の官庁に提出する国籍選択宣言によって自動的に外国国籍を離脱したことになるとは限らない。また、国によってはその国籍を離脱することが認められていない場合もある。

第5章 安全情報の収集

1) 外務省海外安全ホームページの活用

概　要

　海外に渡航する際、「渡航先は安全なのか」「危険があるとすればどのようなものか」「その危険は、訪問を中止するべきレベルか」などの情報を事前に入手することが必要である。これらの情報は、外務省海外安全ホームページから入手できる。

　このウェブサイトに掲載された情報は、海外に渡航・滞在する際に自分自身で安全を確保するための情報であって、政府が渡航を禁止したり、退避を命令したりするものではない。また、旅行会社の主催する旅行を中止させる効力もない。決定するのは、あくまでも自分自身(ツアーの場合は催行する旅行会社)である。

　ウェブサイトから得られる情報は、渡航先国・地域の「感染症関連情報」「最新スポット情報」「危険情報」である。情報は随時更新されるので、最新の情報を得るようにしたい。また、メールによる情報も活用したい (p.24「たびレジ」を参照)。

　特に先進国においては、安全情報のレベル2以上が発出されるケースはまれで、スポット情報に注意されたい。

例) メキシコにはどんな危険があるのか？

①「外務省海外安全ホームページ」
　　http://www.anzen.mofa.go.jp/ にアクセス。
②画面中央部の世界地図をクリックし、次に地図中または地域のリストから「中南米(北側)」をクリックする。
③中南米(北側)の地図が表示されたら、地図中または国名のリスト

から、「メキシコ」をクリック。
④【危険・スポット・広域情報】、【安全対策基礎データ】、【テロ・誘拐情勢】、【安全の手引き】、【医療事情】、【危険情報】が上部に表示され、【危険・スポット・広域情報】の情報が表示される。

危険・スポット・広域情報

渡航先国・地域において情報が出されている地域が色分けされるので、自分が渡航する地域だけではなく、周辺の安全情報にも注意されたい。

安全対策基礎データ

- ●犯罪発生状況、防犯対策
- ●査証、出入国審査
- ●滞在時の留意事項
- ●風俗、習慣、健康など
- ●緊急時の連絡先

などの情報があるほか、事件の事例なども紹介されている。どういった事件が起こっているのかを事前に知り、十分に対策されたい。

テロ・誘拐情勢

- ●概況
- ●各組織の活動状況または各地域の治安情勢
- ●誘拐事件の発生状況
- ●日本人・日本権益に対する脅威

などの情報がある。

安全の手引き

在外公館(大使館、総領事館)発行の在留邦人向け安全の手引きがダウンロードできる。現地事情が詳しく紹介されているので、渡航時には

ダウンロードして携帯されたい。

医療事情

　医務官の駐在する在外公館では、衛生・医療事情に加えて、かかりやすい病気・ケガ、予防接種についての情報が記載されている。いくつかの医療機関、特に日本語や英語（英語圏以外の国・地域の場合）の通じる医療機関が掲載されている国もあるので、事前に確認されたい。現地語・一口メモとして、現地語による医療関係の表現が紹介されている場合もある。

　また、同ウェブサイトでは、各種海外安全パンフレット・資料がダウンロードできるほか、安全対策に関する動画も提供されている。
　予防接種については、「第6章　渡航先での病気と感染症」で紹介する。
　安全対策の4つの目安（カテゴリー）および「感染症危険情報」発出の目安（カテゴリー）について以下に示す。

安全対策の4つの目安（カテゴリー）

レベル1 十分注意してください。	その国・地域への渡航、滞在にあたって危険を避けていただくため特別な注意が必要です。
レベル2 不要不急の渡航は止めてください。	その国・地域への不要不急の渡航は止めてください。渡航する場合には特別な注意を払うとともに、十分な安全対策をとってください。
レベル3 渡航は止めてください。（渡航中止勧告）	その国・地域への渡航は、どのような目的であれ止めてください。（場合によっては、現地に滞在している日本人の方々に対して退避の可能性や準備を促すメッセージを含むことがあります。）
レベル4 退避してください。渡航は止めてください。（退避勧告）	その国・地域に滞在している方は滞在地から、安全な国・地域へ退避してください。この状況では、当然のことながら、どのような目的であれ新たな渡航は止めてください。

出典　外務省　海外安全情報　「危険情報」とは
　　　http://www.anzen.mofa.go.jp/masters/risk.html#index02

「感染症危険情報」の４段階のカテゴリーごとの発出の目安

レベル１ 十分注意してください。	特定の感染症に対し、国際保健規則（IHR）第49条に規定する緊急委員会が開催され、同委員会の結果から、渡航に危険が伴うと認められる場合等。
レベル２ 不要不急の渡航は止めてください。	特定の感染症に対し、IHR第49条に規定する緊急委員会において、同第12条に規定する「国際的に懸念される公衆の保健上の緊急事態（PHEIC）」が発出される場合等。
レベル３ 渡航は止めてください。（渡航中止勧告）	特定の感染症に対し、IHR第49条に規定する緊急委員会において、同第12条に規定する「国際的に懸念される公衆の保健上の緊急事態（PHEIC）」が発出され、同条第18条による勧告等においてWHOが感染拡大防止のために貿易・渡航制限を認める場合等。
レベル４ 退避してください。 渡航は止めてください。（退避勧告）	特定の感染症に対し、IHR第49条に規定する緊急委員会において、同第12条に規定する「国際的に懸念される公衆の保健上の緊急事態（PHEIC）」が発出され、同条第18条による勧告等においてWHOが感染拡大防止のために貿易・渡航制限を認める場合で、現地の医療体制の脆弱性が明白である場合等。

出典 外務省　海外安全情報「感染症危険情報」とは？
http://www.anzen.mofa.go.jp/masters/kansen_risk.html#index02

厚生労働省検疫所（FORTH）について

　渡航前には、渡航先にどのような病気が発生しているかを調べ、予防接種の必要性について確認することが必要である。特に、黄熱についてはアフリカや中南米の一部の国が流行地域となっており、査証取得や入国に際して黄熱の予防接種の国際証明書（イエローカード）の携帯を義務付けている国がある。イエローカードは、接種後10日後から10年間有効である（2016年７月11日以降は、接種10日後から生涯有効に変更された）。渡航先の国においてイエローカードが必要ない場合でも、業務等で近隣国を訪問する可能性がある場合は、イエローカードの取得を

しておくことが望ましい。
　このサイトでは、他に次のような情報が得られる。
- ●気候と気をつけたい病気
- ●受けておきたい予防接種、持っていきたい薬
- ●医療情報
- ●帰国後の過ごし方・注意点

海外安全パンフレット・資料
- ●海外安全虎の巻
- ●海外で困ったら
- ●海外へ進出する日本人・日系企業のための爆弾テロ対策Q&A
- ●海外における脅迫・誘拐対策Q&A
- ●海外旅行のテロ・誘拐対策
- ●海外へ進出する日本人・日系企業のためのCBRNテロ対策Q&A
- ●海外赴任者のための安全対策小読本

　出典 「海外安全パンフレット・資料」
　　　http://www.anzen.mofa.go.jp/pamph/pamph.html

2）海外政府関係機関サイトの活用
　日本以外の国によって出されている情報にも注意することが望ましい。p.34に外国政府関係機関のサイトが紹介されている。

用語集
　本書の付録に、これから海外へ渡航しようとする人が、現地の情報を得るにあたり知っておいてほしい用語を巻末に英語、日本語、中国語、韓国語、スペイン語でまとめているので参照されたい。

海外の安全に関するウェブサイト

日本政府関連機関のサイト

- 外務省海外安全ホームページ
  http://www.anzen.mofa.go.jp/
- 外務省在外公館情報
  http://www.mofa.go.jp/mofal/link/zaigai/index.html
- 在外公館医務官情報
  http://www.mofa.go.jp/mofaj/toko/medi/
- 国際協力機構　国別生活情報
  http://www.jica.go.jp/regions/seikatsu/
- 厚生労働省検疫所
  http://www.forth.go.jp/
- 在留邦人向け安全の手引き
  http://www.anzen.mofa.go.jp/manual/index.html

外国政府関連機関のサイト

- Travel State（アメリカ）
  http://travel.state.gov/
- Travel Advice（イギリス）
  https://www.gov.uk/foreign-travel-advice
- Country travel advice and advisories（カナダ）
  http://travel.gc.ca/travelling/advisories
- smartraveller.gov.au（オーストラリア）
  http://smartraveller.gov.au/Pages/default.aspx
- Federal Emergency Management Agency: FEMA（アメリカ）
  http://www.fema.gov/
- CIA the World Factbook（アメリカ）
  http://www.cia.gov/library/publications/the-world-factbook/

- ●情報局保安部（イギリス）
  http://www.mi5.gov.uk/
- ●国家保安局（オーストラリア）
  http://www.mationalsecurity.gov.au/
- ●Safetravel（ニュージーランド）
  https://www.safetravel.govt.nz/
- ●Security Bureau Outbound Travel Alert（香港）
  http://www.sb.gov.hk/eng/ota/

世界の機関のサイト
- ●WHO　世界保健機関
  http://www.who.int/
- ●CDC　疾病対応センター（アメリカ）
  http://www.cdc.gov/

第6章
渡航先での病気と感染症
～予防と生活上の注意点～

　海外で生活を始めると、予想以上に体調の不良を感じたり、健康に不安を覚えることが多い。これは単に現地が日本と比較して衛生環境が悪いということだけが原因ではない。生活環境が異なることや、日本と同様の医療をすぐに受けることができないという不安から生じていることもある。ここでは、渡航前や現地滞在中のみならず帰国後も含めて、健康と病気に関する注意点や役立つ情報を提供する。

1）一般的な病気や感染症に対する注意事項
1．現地で多くの人が生活しているところへ行くのであり、過度に心配する必要はない。しかし、現地に住んでいる人がすでに持っているような免疫がなかったり、生活習慣も異なることから病気が引き起こされる。必要な知識を持ち、相応の準備をする必要がある。
2．現地特有の病気・感染症だけでなく、自身がすでに持っている病気に対する知識を把握し、準備をきちんとすること。予防接種や予防薬により、多くの疾患は防ぐことができる。
3．普段の生活・健康管理が重要である。同じように感染源に暴露しても、体調がよければ罹患しない場合や、重症化しなくても済む場合がある（ホストの要因）。ストレスをためず、栄養を十分摂り、疲労をためない健康的な生活を維持することが重要である。
4．長期滞在の場合、いつかは何らかの病気になり、症状が現れることがある。その場合は、無理せずにすみやかに休息を取り、また適切な診断治療を受けること。これは、本人にとってもまた共同生活をする人にうつさないという点でも重要である。

5．病気になり医療機関を受診したり、帰国しなければならなくなったら、すぐに契約している海外旅行傷害保険会社に連絡を取ること。世界各地の拠点から日本語で充実したサービスを受けることができる。また医療費の支払いに関しても医療機関と直接交渉してくれるので便利である。

6．海外での急な病気やけがなどにより、やむを得ず現地の医療機関で診療を受けた場合には、日本の健康保険で一部医療費の払い戻しを受ける海外療養費制度がある。ただし、国内で保険診療として認められている医療行為に限られる。海外旅行傷害保険より手続きに手間がかかり、払い戻しまで時間がかかることもある。

＊鳥取大学医学部附属病院では、トラベルクリニック外来を週3回開設している。毎週月曜、水曜、木曜の13：00～14：00の予約制。海外渡航の相談と必要なワクチン接種を行っている。予約は感染症内科（0859-38-6692）まで。

2）予防接種

予防接種で免疫をつけることで防ぐことのできる感染症がある。日本で通常接種していないものに関しては、渡航前に接種を済ませておく必要がある。

1．予防接種で防ぐことが可能な感染症

渡航先により、また現地での生活習慣や年齢によっても、予防接種の対象となる感染症は異なる。予防接種は一度に接種できる数は限られることから、十分な余裕を持って接種をしていく必要がある。予防接種の中には、十分な免疫獲得に6ヶ月程度かけて、複数回の接種を要するもの（A型肝炎、B型肝炎、狂犬病など）があるため、渡航6ヶ月前には準備を始めることが望ましい。時間がない場合は、重要度の高いものから、順次接種していく。現地で必要な予防接種の情報は、厚生労働省検疫所（FORTH）のホームページ（http://www.forth.go.jp/index.html）から得ることができる。

2．予防接種の一般的な知識

　予防接種には生ワクチンと不活化ワクチンの2種類に分けられる。生ワクチンを接種した場合は、次の接種まで4週間以上間隔をあける必要がある。一方、不活化ワクチンの場合、次の接種は1週間あければ可能となる。

　予防接種の中には、一度の接種では十分の免疫が得られない場合があり、2回以上の接種が必要なものがある。また接種してから効果が出るまでには、1～2週間程度必要である。

　幼少時に接種したものでも、成人した後は効果が落ちていることが考えられる。特に破傷風は前回の接種から10年間過ぎた人は、再接種が必要である。破傷風菌は土の中に存在し、傷口から感染することから、戸外で活動し、けがをする可能性が高い人は、再接種を検討する。

　アフリカや南米の赤道周辺の国々では、入国する際に黄熱の予防接種の国際証明書が要求される場合がある。そのような国では、接種していない場合に入国拒否される場合がある。黄熱の予防接種は、各地の検疫所に予約して接種を受ける必要がある。

　はしか（麻疹）は日本で流行があり、海外に持ち出すことで問題となる疾患である。日本ではしか（麻疹）の予防接種を受けていない場合には、接種してから渡航し、海外にはしかを持ち出さないことが重要である。

3．海外渡航で重要な、予防接種で予防できる感染症

予防接種	対象
黄熱	アフリカ・南米の感染リスクのある地域に渡航する人
A型肝炎	途上国に中・長期（1ヶ月以上）滞在する人。特に40歳以下の人
B型肝炎	血液に接触する可能性のある人。東南アジアでは人口に占めるキャリアーの比率が高い
破傷風	戸外の活動でけがをする可能性の高い人
狂犬病	イヌ、ネコ、キツネ、コウモリ、アライグマなどの多い地域へ行く人で、特に医療機関がない地域に滞在する場合。動物研究者で、動物と直接接触する人。通常は、暴露後に予防接種を行うため、日本では常時入手可能な医療機関は限られる
ポリオ	流行地域に渡航する人
日本脳炎	流行地域に長期滞在する人（主に東南アジアでブタを飼っている農村部）

参考 「厚生労働省検疫所　海外渡航のためのワクチン」より一部改変
http://www.forth.go.jp/useful/vaccination.html

4．日本では未承認で、輸入ワクチンを取り扱う医療機関*で接種する必要がある感染症

- ●腸チフス
- ●髄膜炎菌性髄膜炎（アフリカ中央）
- ●ダニ媒介性脳炎

＊輸入ワクチンを取り扱う医療機関は渡航医学会ホームページのトラベルクリニックリスト（http://www.tramedjsth.jp/travel_clinic/travel_clinic.html）などで検索可能である。輸入ワクチン（国内未承認ワクチン）には、重要な健康問題が発生した際に日本国内の救済制度は適応されない。接種にあたって、事前によく説明を受けることが重要である。

3）海外で注意すべき感染症

1．鳥インフルエンザ（H5N1）

　H5N1亜型インフルエンザウイルスを病原体とする鳥インフルエンザ（H5N1）は、中東や東南アジアを中心に家きん（ニワトリ、アヒルなど）との濃厚接触での発生が報告されている。人が感染した場合には、重篤な症状となることが多い。鳥との接触を避け、むやみに触らない。生きた鳥が売られている市場や養鶏場にむやみに近寄らないことを心がける。

2．鳥インフルエンザ（H7N9）

　最近では、2014年2月に中国（香港）で報告されている。病気の鳥や死んだ鳥に直接触ることで感染する。H5N1の鳥インフルエンザと同様に、鳥との接触を避けることが重要である。

3．A型肝炎

　A型ウイルス性肝炎は、東南アジアでよく流行し、食事などの経口摂取と排泄物を介して伝搬する。魚介類の生食だけでなく、屋台などで売られているもの（生水・生野菜・カットフルーツ）からの感染も多くあり、その原因の特定は難しいといわれている。感染予防には、A型ウイルス肝炎ワクチンの予防接種が有効である。

4．マラリア

　世界3大感染症の1つであり、マラリア原虫を持つ蚊（ハマダラカ）に刺されることで発症する。初期治療が非常に重要で、感染地から帰国し、高熱などの症状が出たら、渡航先を告げて医師の診察を受ける。感染後6日間以上経った後に、発熱・悪寒・筋肉痛・倦怠感を認める。抗マラリア薬（流行地で異なる）を予防的に内服することが重要である。ことに熱帯熱マラリアの流行地域に渡航する際には予防内服が強く勧められる。また、現地で蚊に刺されないように対策することが重要である。

＊スタンバイ緊急治療（standby emergency treatment：SBET）
　マラリアを疑われるが、医療機関を受診できない場合に、緊急避難的に抗マラリア薬を内服する治療法として知られている[1]。ただし、一般渡航者が、症状のみで、マラリアを推定することは困難であり、日本では医療行為として認知されていない。

1) Jay S. Keystone et al. Travel Medicine. The third edition. pp163-172. 2013. ELSEVIER

5．デング熱

　デング熱は、2014年の夏に、日本（日比谷公園）でも流行したことで有名になった。デングウイルスによる急性熱性感染症で、ネッタイシマカ、ヒトスジシマカなどの蚊によって媒介される。多くはデング熱として、3～7日の潜伏期の後に、高熱、頭痛（筋肉痛や関節痛を伴う）、一過性の発疹で発症する。ときに重症化し、デング出血熱となることもある。予防として、流行地では蚊に刺されないようにすることが大切である。対症療法以外の治療法はない。

6．狂犬病

　狂犬病は、イヌ・ネコ・キツネ・コウモリ・アライグマなどの感染動物に咬まれることによって唾液からウイルスに感染し、長い潜伏期の後に発症する。一度発症すると有効な治療法はなく、ほぼ100％死亡する。感染後ただちに狂犬病ワクチンを接種することにより発症を防ぐことができる。すぐに傷口を石けんと水でよく洗い、医療機関でただちにワクチン接種を受ける必要がある。帰国後も検疫所に申し出て、指示を受ける。

7．破傷風

　破傷風菌（嫌気性菌）という細菌による感染症である。破傷風菌は、世界中の土壌中に広く分布しており、傷口から体内に侵入し感染する。潜伏期間は通常3日～3週間で、口を開けにくい、首筋が張る、寝汗をかくなどの症状が現れる。次第に口が開けにくいといった硬直感が出て、

手足にもこの異常感覚（神経症状）が広がる。重症になると全身を弓なりに反らせる姿勢が見られ、けいれんや呼吸困難などの重篤な症状が現れ、死に至る感染症である。日本では三種混合ワクチン（ジフテリア・百日咳・破傷風）の定期接種が実施されているが、前回の接種から10年以上経過している人は、追加接種が推奨される。

8．HIV感染症／AIDS（エイズ）

エイズ（AIDS：後天性免疫不全症候群）は、HIV（ヒト免疫不全ウイルス）の感染によって、免疫が正常に機能しなくなる病気である。2007年末における全世界の推定HIV感染者／AIDS患者数は3,320万人である。主な感染経路は、性交渉による感染・血液による感染・母子感染の3つである。ウイルスに感染しても、すぐにエイズを発症するわけではなく、感染からエイズを発症するまでに、短くて6ヶ月位から長い場合は15年以上の場合もある。海外では非日常のためか、さまざまな誘惑に対して無防備になりがちである。不特定の人との性交渉は避け、また性交渉を持つときはコンドームを正しく使用する必要がある。また、刺青や、麻薬や覚醒剤の使用の際に、針や注射器の使い回しによりHIVに感染する可能性があり、このような行為は決して行ってはならない。

9．エボラ出血熱

エボラ出血熱は、ウイルスに感染した動物や人の体液（吐物や唾液・血液）に接触することで感染し、死亡率の高い（25〜90％）病気である。治療法やワクチンはない。潜伏期間は2〜21日（通常7日程度）で、突然の発熱、倦怠感、筋肉痛、頭痛、咽頭痛で発症し、嘔吐、下痢、腎機能・肝機能の低下、進行すると全身の出血傾向が見られる。2015年1月には、シエラレオネ、リベリア、ギニアでパンデミックが起こっており、その地域から帰国した場合は、検疫官に申し出るとともに、潜伏期間を過ぎるまで毎日体温を測定し感染の有無をチェックする必要があった。

10. 旅行者下痢症

海外旅行に出かけた人の半数以上の人が、海外に滞在中あるいは帰国後1～2週間以内に発病する下痢の総称である。原因には大きく分けて、
  (1) 旅行の準備など、疲労による体調の変化（低下）。
  (2) 旅行中の不安やストレスなどからくる精神的な胃腸障害。
  (3) 渡航先の飲食物の違いによる一過性の胃腸障害。
  (4) ウイルスや細菌あるいは寄生虫による病的なもの。

などが考えられる。このうち、(1) と (2) は体調の回復やストレスの緩和などの原因を取り除くことによって、比較的短時間で改善される。(3) の飲食物による下痢は病原体によるものではなく、水質の違い（硬質のミネラルが多い水）による場合や食物の違いによるものが多い。また、油と香辛料も下痢の原因になる。

病原体によるものは旅行者下痢症の2割程度を占めている。発展途上国の場合、以下の菌が主な原因になっている。

(1) 腸炎ビブリオ・ナグビブリオ菌 ── 魚介類によるもの
   サルモネラ菌属 ── 乳製品・肉・卵によるもの
   病原大腸菌・ブドウ球菌など ── 一般食品によるもの
(2) A型肝炎やアメーバ赤痢
   ── 食物（生野菜・果物など）・食器・水・氷
(3) 赤痢・腸チフスなど
   ── 食物（生野菜・果物など）・食器・水・氷
(4) コレラ ── 魚介類・水・氷

4）海外で生活する上での注意点

1．食生活での注意

- 新鮮な食材を選び、すぐに冷蔵庫に保存する。気温な高い地域では、特に細菌が繁殖しやすい。
- 調理するときは、石けんでの手洗いを十分に行う。
- 調理器具は清潔なものを用いる。

- 食材を十分に加熱する。中心部の温度が1分間以上、75℃以上になるように加熱する。
- 海外では生卵は食べない：日本ではサルモネラ菌は厳重に管理されているが、海外ではチェックされていない。生卵は食べないこと。
- 乳製品もサルモネラ菌に汚染されている可能性があるので、一定期間開封され、室温に放置された乳製品は特に気をつけること。
- 魚介類の生食：腸炎ビブリオなどによる食中毒が多い。刺身などは特に新鮮なものだけに限ること。レストランで出された貝類の鮮度は不明な点が多い。菌は加熱すると死滅する。特に夏場は注意する。
- 食中毒の中で毒素を産生する菌による場合は、加熱によっても防げないことがあり、注意が必要である。

2．飲料水の注意点

- 硬水：日本の水は、ほとんど軟水であるが、海外では硬水のところが多く、硬水に不慣れな人が飲用すると下痢を起こすことがある。硬水はカルシウムやマグネシウムなどの無機質が多く、石鹸の泡立ちがよくないのでわかる。このような無機質を多く含む水は煮沸することによって硬度を下げることができる。
- 海外の水道事情：発展途上国では、水道の水に注意を要する場合がある。上水道の不備や不完全な下水処理などで水道管の破損や水圧が低い場合に、外部からコレラ、赤痢、アメーバ赤痢、ウイルス肝炎、腸チフス、寄生虫などの病原体が混入して汚染されることがある。
- 飲料水の簡単な消毒法：沸騰してからさらに10分以上沸かしこれを冷ましてから飲む。小型の電気湯沸かし器（プラグの違いに注意）・簡易湯沸かし器・やかん・鍋などを用いて煮沸する。殺菌と硬度を下げる2つの効果があり、ほとんどの病原微生物を殺すことができる（ただしアメーバ赤痢のシストなどは殺菌不能）。
- ミネラルウォーター：栓が完全にしてあるもので水漏れのないものを選ぶ。

- ソフトドリンク：ビール、ワイン、缶入りジュースなどはさびやへこみ、あるいは傷のないものを選ぶ（生のミルクなどの乳製品はサルモネラなどの細菌が繁殖しやすい）。
- 氷：氷は、生水から作られることもあり、生水を飲めない国では氷が入った飲料は下痢の原因になることがある。

＊ウィスキーを水割りにしても、水がアルコール消毒されたことにはならない。

3．蚊に注意

蚊は、マラリア、デング熱、黄熱、日本脳炎、ウエストナイル熱などを媒介し、人間にとって最も危険な生物とも言われている。このような感染症の流行のある渡航先では長そでを着用し、虫除けを使用するなど、蚊に刺されないような工夫が大切である。日本では、長期間有効な小型の散布ファン付きの電池式蚊取器を購入して持参すると便利である。また現地でも蚊帳、虫除け、蚊取り線香などを使用して、十分な対策を取るようにすべきである。

DEET濃度	DEET効能持続時間
5%	約90分
10%	約2時間
30%	約5〜6時間

虫除けの主成分はDEET（ディート）であるが、その副作用から日本では12％以下のものしか入手できない。そのため、忌避効果の持続時間は短いと考えられ、繰り返し塗り直す必要がある（上記表を参照）。濃度の高いものは長時間使用できるため便利ではあるが、乳幼児に使用する場合は副作用の心配があり、目や口のそばへの使用は避けた方がよい。子どもが誤って飲んだり、スプレーで遊んで吸引したりしないような注意も必要である。

4．淡水に注意（寄生虫のほか、淡水から感染する病原体）

海外の淡水の湖・川・沼・池では、皮膚や口から寄生虫や細菌が侵入する可能性がある。淡水での遊びやラフティングなどのスポーツでは、住血吸虫やジアルジア症（ランブル鞭毛虫症）、レプトスピラ症などが

引き起こされる。寄生虫によるものは感染してもすぐに症状が現れないが、長期間にわたって人体に寄生し、種々の症状を引き起こす。血液検査や便の検査で診断を行う。早期の駆虫剤の内服が必要である。

5．携帯すると便利な医薬品
（1）普段から飲んでいる薬
（2）風邪薬：総合感冒薬、解熱鎮痛剤（アセトアミノフェンなど）
（3）胃腸薬：一般胃腸薬、整腸剤、下痢止め、便秘薬
（4）そのほか：酔い止め、かゆみ止め、消毒液、イソジン、救急絆創膏、防虫スプレー、蚊取り線香（マラリアやデング熱流行地域で必要）
（5）マラリア予防薬（メフロキンまたはアトバコン）

＊いわゆる「下痢止め」は、感染性腸炎の病原体を体内に停滞させる可能性があり、症状を悪化させることがある。使用に際しては注意が必要。
＊抗生物質は細菌感染症には有効であるが、アレルギーを引き起こしたり乱用すると耐性菌が出現するため、市販薬としては購入できない。

※税関でのトラブルに注意
　風邪薬や鎮痛剤の中で粉薬（散剤）や水薬（液剤）は少量の麻薬や劇薬の類いが含まれていることがあり入国の際に税関でトラブルになることがあり、注意が必要。持病のために麻薬などが含まれた薬が必要であれば、医師の英文の処方箋が必要となる。

※海外で薬を入手する際の注意点
　外国でも日本と同様の薬は入手可能であるが、名前も異なっており同じ成分を含む薬を探すことは慣れないと容易ではない。一方、マラリアの予防投与薬などは、現地では有効な薬が安価に手に入るが、成分や品質に関する保証はない。国内医療機関より渡航前に処方を受けることが勧められる。

5）こんなときにどうする？

よくある症状に対して、簡単な対処法を知っておくことも必要である（ただし、すべてにおいて有効とは限らない）。

1．熱が出た（発熱）
（1）発熱の原因を考える。風邪（ウイルス感染症）、疲れ、熱中症、感染症（呼吸器・腸管・膀胱炎・尿路感染・中耳炎）など。
（2）原因の除去と対策：休む。身体を冷やす（特に熱中症）。
（3）解熱剤を使用して様子を見る。
　　市販薬としてよく使われるアセトアミノフェン（代表的商品名：Tylenol）は安全で有効。4～6時間おきに再使用が可能。
（4）高い熱が続くようなら原因をはっきりさせるために病院へ。
（5）感染症ならば、抗生物質（抗生剤）の使用が必要（処方箋が必要）。国によって、日本で使われない薬を処方されることがある。
（6）原因不明の熱が5日以上続くときは、思わぬ疾患が隠れていることもある。病院で精査すること。

2．おなかをこわした（下痢）
（1）風邪（ウイルス腸感冒）、ストレス、軽い食あたりの下痢は、嘔吐や強い腹痛を伴わず、発熱もわずかで、下痢も一過性の水様、軟下痢便が主症状である。このような場合は、絶食して自然に止むまで様子を見てもよい。食事を続けていると、下痢が続くこともある。下痢は身体によくないものを排出する生理的な反応でもあるので、普通下痢止め薬は飲まない。経口補水液のような、電解質を含む水で脱水を防ぐ。
（2）高熱を伴う、嘔気・嘔吐が強い、腹痛が激しい、血便・黒色便・白色便、粘液を含む下痢便のときは、特殊な感染症に伴う下痢、食中毒や重症の下痢を考え、病院を受診すべきである。抗菌薬の投与、点滴などが必要となる。

（3）海外旅行では、生の水で起こる下痢が多い。水道水や、現地食堂の水（氷も含む）には注意し、ペットボトルの水、あるいはソフトドリンクを飲むこと。

（4）経口補水液（OSR）：売店や薬局で、液体としてあるいは水に溶かす薬として入手可能。以下の方法で、自分で作ることもできる。

　　水1リットル＋食塩3g（小さじ0.5杯）＋砂糖40g（大さじ4.5杯）

3．車に酔った（乗り物酔い）

　乗り物酔いの機序は十分には解明されていないが、おそらくは視覚に対する前庭神経（バランス感覚）の興奮の矛盾が一因となっている。以下の点に注意し、まずは酔わないようにする（予防が大切）。

（1）乗り物に乗ったら、しばらくじっと座って動かないこと。前庭神経を過度に興奮させないことが重要。立っていると前庭神経の活動が増す（歩けない乳幼児は酔いにくい。離陸までに時間がある航空機は酔いにくい）。同様の理由で、乗り物の中では動き回らないこと。電車やバスではトイレに行かない方がよい。船では船底で横になる方がよい。

（2）緊張は交感神経の活動を高め、酔いやすくなる。リラックスを。

（3）乗り物の動きを予測すること、前を見ること（運転者は酔わない）。

（4）酔い止め薬は有効（乗る前に飲む方が有効だが、乗ってからでも効果はある）。感覚を鈍らせるために眠くなる副作用がある。また、消化器症状を抑える作用がある。

4．やけどした（熱傷）

（1）まずは、水道の流水、水を貯めた洗面器（氷を少し浮かべるとよい）などでやけどした部位を冷やす。氷のう・蓄冷剤でも可能だが冷たくて我慢できなくなるまで冷やす必要はない。服の上からでも可。最初の30分間患部を冷やすことで、その後の組織損傷を抑えることが可能となり、**病院へ急いで行くより大切**である。

(2) 面積が広くなく、深さも深くなければ、病院に行く必要はない（お湯がかかったくらいであれば、必要ない）。水ぶくれはつぶさず、何も塗らない。水ぶくれがつぶれた場合は、その後の感染予防を行う必要がある。
(3) 深いやけど（痛みを感じない、皮膚が乾燥・黒こげ）、範囲が広い（体表全体の20～30％以上）、全身症状（顔面蒼白、冷や汗、意識障害）、呼吸器（気道）の熱傷、顔面の熱傷、化学薬品による熱傷などがある場合は重症と判断し、患部を冷やしながら速やかに救急病院へ。

5．立ちくらみ・目の前が真っ白になった・気分が悪い（迷走神経反射）

(1) 自律神経の交感神経（戦闘モード）と副交感神経（リラックス・休息モード）のバランスが崩れた状態になっている。
  交感神経優位：脈拍増大、末梢血管収縮、血圧上昇、興奮、瞳孔拡大（強い恐怖、興奮・怒りの状態）
  副交感神経優位：脈拍はゆっくり、末梢血管の拡張、血圧の低下、縮瞳（リラックス、休息、緊張がほぐれた状態、消化管が活動）
(2) 交感神経が働かなければならないときに、副交感神経が優位になってしまっている、あるいは急激に迷走神経（心臓をコントロール）が過敏に働くと起こる現象。血圧・脈拍が低下し、脳に行く血液循環量が減り、立ちくらみ、目の前が真っ白になり、意識がなくなって倒れる。普通はすぐに自然に回復する。
(3) 倒れたときや気分が悪いときは、横になって足を高くして（膝を立てて、あるいはイスに足を乗せて）脳への血液循環量を増やす。
(4) 誰にでも起こることなので、過度に不安を持たない。お酒を飲んで温泉に入ったお年寄りなどにもよく起こる。そのときには、上の対処法を行うようにする。

6．息苦しい・手がしびれる・呼吸が速い（過換気症候群）

（1）若い比較的神経質な女性に多い。精神的な要因が大きく、繰り返すことが多い。お酒を飲んだときにも見られることがある。

（2）息ができなくなり、呼吸数が増えて、次第にパニックになり、手足のしびれなどの神経症状が認められる。呼吸数が増えることで、血液中のCO_2量が減り、血中のpHが上昇して（呼吸性アルカローシス）、しびれの症状が出てくると考えられている。

（3）昔は紙袋の空気を吸わせるペーパーバック療法が主流であったが、今は頻呼吸を起こすほかの疾患と区別できないときに大きな問題となることがあり、**行わない方がよい。**

（4）落ちついてゆっくりと呼吸をさせることで、次第に解決することを理解させて、回復を待つ。ダイビングのときに空気を吸い続けて息が吐けずに呼吸苦を感じるのと同じ状況になることもあり、ゆっくりと息を吐かせてから、ゆっくりと腹式呼吸をさせるとよい。

7．血が出た（外傷・出血）

（1）小さなけが、傷であれば、まず流水で異物を取り除き、傷をできるだけきれいにする。石けんを使用してもよい。異物が残るとそこが感染源になる。

（2）最初にきちんと傷の洗浄を行うほうが、アルコールや消毒薬の消毒よりしばしば有効である。傷の治りも早い。

（3）傷が深い、あるいは泥・土などで傷が汚れている場合は、破傷風になる可能性があるため、医療機関を受診して治療を受けること。特に海外では、発症する頻度は高い。

（4）野外活動が多いときには、海外旅行前に破傷風ワクチンの再接種をすること。

（5）大量の出血、動脈の出血は、すぐに圧迫出血を試みること。強く適切に圧迫すれば、かなりの出血は抑えられる。時間との勝負であり、ためらう余裕はない（すぐに助けを呼んで、病院へ搬送する）。

8．ねんざ・骨折

（1）ねんざと軽度の骨折はレントゲンを撮らないと判別ができない。どちらもまずは動かないよう固定して、安静を保つ。患部を冷やすと炎症や痛みを抑えられる。弾性包帯で圧迫するとよい。

（2）RICE処置とは、Rest（安静）Ice（氷で冷やす）Compression（圧追）Elevation（挙上）を意味する略語。捻挫や打撲を受けたとき、このRICE処置を確実かつすみやかに行うことによって、内出血や腫れを初期の状態で抑えることができる。受傷してから4～6時間が最も重要な時間帯とされている。この間にいかに効果的な処置ができるかが、その後の治癒にも大きく影響する。

（3）人間は痛い方へ、不快な方へ身体を動かす傾向があり、これを続けていると治りが遅くなる。動かさないように固定する、あるいは痛くない方へ動かすようにする。

（4）急性期は安静と患部を冷やすのに対して、慢性期（炎症が治まった後）は温め動かす治療が有効。

（5）微細な骨折（剥離骨折・遊離骨折）があるときは、痛みが長引く傾向がある。

9．熱中症

（1）適切に処置しないと命に関わる。きわめて短時間で急速に重症となる。

（2）暑い環境にさらされる、運動・スポーツなど体内で熱を発生させる状況下で発症し、体温を維持するための生理的な反応から外れて、全身の機能不全に陥るまでの状態。

（3）高齢者・乳幼児（高温環境下）、暑さの中での労働、スポーツ活動中（若者）に起こることが多い。

（4）脱水などがあると、急速に悪化する。適切な水分補給が重要。

（5）四肢のけいれん、めまい、疲労・虚脱感（力が入らない）から始まり、次第に重症になると吐き気・嘔吐、頭痛、血圧低下、意識障害、

末梢循環不全（手足が逆に冷たくなる）、ショックとなる。
（6）涼しい場所で安静にさせ、速やかに体温を冷やす。衣服を脱がせて（常温の）水をかけ扇いで風を送る。皮膚をこすりマッサージをして、血液循環を保つ。脇の下、頸動脈、股の大動脈（そけい部）の太い血管部位に氷嚢をあてる。本人が寒いと言うまで行う。
（7）意識があれば、水分補給を行う。
（8）意識状態が悪ければ、ためらわずに救急車を呼ぶ。

もしものときの医療用語

参考 「在外公館医務官情報」

- 英語　http://www.mofa.go.jp/mofaj/toko/medi/english.html
- フランス語　http://www.mofa.go.jp/mofaj/toko/medi/french.html
- スペイン語　http://www.mofa.go.jp/mofaj/toko/medi/spanish.html
- ロシア語　http://www.mofa.go.jp/mofaj/toko/medi/russian.html
- 中国語　http://www.mofa.go.jp/mofaj/toko/medi/chinese.html

演習 | Exercise

1. 渡航先国・地域が、国際予防接種証明書が必要な国であるかどうか調べよ。
2. 狂犬病の代表的な症状について調べよ。
3. マラリアについて以下の問いに答えよ。
   1）マラリアはどうやって感染するかを述べよ。
   2）代表的な症状を述べよ。
   3）渡航先国・地域がマラリアの感染が起こっている国であるかどうか調べよ。

第7章
海外での種々のトラブルとその対処法

1）道路交通規則および移動時のトラブル

　世界の多くの国は日本とは逆で自動車が右側通行であり、そのことにより不慣れが原因での交通事故が起こりやすい。また、国によっては歩行者よりも自動車優先の考え方もあり、交通法規を知るだけではなく、現地の人がどのように行動しているかを知ることも重要である。

道路の横断

　日本とは逆で、「左→右→左」の順で確認すること。また、交通ルールに慣れていない外国では、横断歩道のない場所での道路の横断は避けて、多少遠くても横断歩道や地下道等を利用することを検討されたい。横断歩道のない場所での横断を法律で禁止している国もある。

　左右確認を確実に行うためには、「左→右→左→右」のように左右とも2回ずつ確認することが有効である。そうすれば、右側通行か左側通行かを気にする必要がない。また、これは自動車が右側通行の外国滞在を終え日本に帰国したときにも有効である。

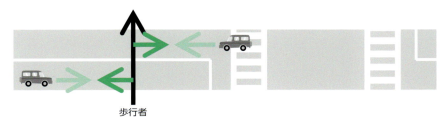
歩行者

　アメリカでは、横断歩道以外で交通事故が起こった場合、歩行者にも責任が生じることがある。また、ヘッドホンを使用して歩きながら音楽を聴いている時に交通事故にあい、自動車の損害を賠償することになっ

た事例もある。近年、歩きながらスマートフォンを使う人が多いが、外国では特に注意が必要である。

一方通行に注意

　自動車が右側通行の道路を横断しようとするとき、一方通行でない一般の道路では手前の車線は左から自動車が来る。左側だけを確認して道路の横断を開始すると、一方通行で右側から自動車が来る可能性もある。しかし、歩行者にとっては道路が一方通行であるかどうかを確認するのは困難な場合もあるので、常に左右両側を確認するようにしたい。

北米では赤信号でも右折が可能

　日本でも交通標識で示した上で赤信号でも常時左折ができる交差点があるが、北米では基本的に赤信号でも右折が可能である。

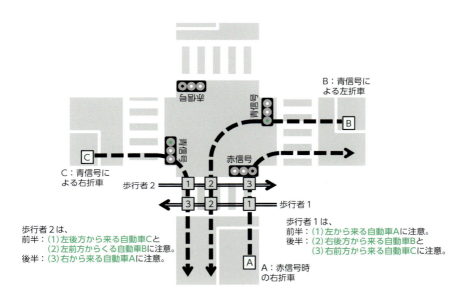

移動中のトラブル

1．バス

　海外においても長距離バスは路線も多く安価で便利な交通機関であるが、いくつかの問題が起こっているので注意が必要である。特に、都心のバスターミナルは市内中心部から少し離れた治安が悪い地域に立地している場合も少なくない。また、バスターミナルには不特定多数の乗客が集まる上に、その地域に不慣れな乗客が外国人に限らず多いので、その乗客を狙ったスリやひったくりが起こりやすい。

　車内においては、荷物棚の荷物の盗難だけではなく、バスのトランクに預けた荷物の盗難も起こっており、貴重品の管理に気を付けられたい。トランクからの盗難では、スーツケース等のバッグが紛失・盗難されたケースだけではなく、トランク内に泥棒が隠れており、走行中にバッグを開けられ貴重品が抜き取られるというケースも発生している。

　夜行バスの場合、睡眠中に狙われることが多いので、昼間の移動よりも注意が必要である。また、国境を越える場合いったんバスを降りて国境検査を行う場合が多く、バスに残されている荷物が狙われる場合もある。

2．鉄道

　バスターミナル同様駅構内にも乗客を狙うスリやひったくりがいることがある。また、親切を装って金銭を要求する事件も起こっているので、必要以上にその場にとどまらないことが重要である。特に、切符の買い方がわからない人やタクシーやバスを探している乗客に近づき、日本語や英語で親切に教えてくれ、それから多額の金銭を要求するケースが見られる。

　車内でのスリの被害も発生しているので、貴重品の管理に十分に注意すること。特に、寝台列車や長距離列車では睡眠中や食事等で席を離れることもあるので、バス同様に荷物の管理が必要である。

　欧州内ではシェンゲン圏内では国境検査はないが、他の国では国境検査が行われる。詳細は「第3章 国際法」（p.9）を参照されたい。

　改札や車内検札の仕組みは日本とは異なる場合もある。改札口がなく、プラットホーム上などで駅員にスタンプを押してもらう、機械を使って自分でスタンプを押すなどする必要がある。これを忘れると不正乗車となる場合もあるので注意が必要である。詳細は国によって異なるので、事前に調べられたい。また、乗越精算が認められない国では、車内検札で当該区間の切符を買っていないとみなされ高額の罰金が科せられる場合があるので、正しい乗車区間の切符を持っていなければならない。

　こういった切符の仕組みがわかりにくい場合、1日乗車券やパスを利用すると便利である。市内のバスも利用できたり、博物館等の施設の入場料が割引になったりする場合もあるので、事前に調べられたい。

　シンガポールやマレーシアでは、車内での飲食が禁止されており、違反すると高額の罰金が科せられる場合があるので注意されたい。他にも、車内での楽器の演奏、チューインガムも禁止されている。なお、シンガポールではチューインガムは国内への持ち込みも禁止されている。

3．タクシー

　タクシーに乗るときは、流しのタクシーを拾うのではなく、ホテルや

タクシースタンドで客待ちをしているタクシーを利用すること。ホテルではチャージが必要な場合があるが、配車したタクシーのナンバーを控えている場合が多いので、流しのタクシーよりも安心感がある。また、メーター制ではなく料金を交渉する必要がある場合もあるが、値切りすぎて気まずい雰囲気にならないようにしたい。

4．飛行機

ここでは搭乗時の注意について述べる。飛行機に無料で預けることができる荷物は航空会社や路線によって異なるが一般的に20kgまたは23kgまでであり、これを超えると超過料金がかかる。また、LCC（格安航空会社）では預ける荷物はすべて有料の場合もあるので、確認が必要である。

アメリカへ渡航する際にはTSAロックでないスーツケースを預ける際には、スーツケースを施錠することができない。預けた後の荷物検査で開封検査が必要となった時に、TSAロックであれば共通合鍵で開錠可能であるが、そうでない場合鍵を壊される場合もあるので注意すること。

フライトが欠航となったら、すぐに航空会社に連絡を取り、代替フライトの提案を受けたい。天候事由など不可抗力ではなく、機材不具合等の航空会社責任の場合、他社便への振替等の提案がある場合もある。

また、機内での飴は血糖値が上がり、酔いにくくなる効果があるので、あらかじめ準備しておくとよい。

エコノミークラス症候群

一般にエコノミークラス症候群と呼ばれる典型的なケースとしては、長時間のフライトのあと飛行機を降りて歩き始めた途端、急に呼吸困難やショックを起こし、最悪の場合亡くなることもある。足や下腹部の静脈に血栓ができる病気は「深部静脈血栓症」と呼ばれる。

飛行機のエコノミークラスで旅行すると、長時間狭い座席に座ったま

まとなり、足の血液の流れが悪くなり、静脈の中に血の塊（静脈血栓）ができることがある。この静脈血栓は歩行などをきっかけに足の血管から離れ、血液の流れに乗って肺に到達し、肺の動脈を閉塞する。

　この病気はエコノミークラス利用時だけではなく、ビジネスクラスで発症した事例もある。また、長距離トラックやバスなどの運転手にも発症がみられる。最近では、地震で自宅が壊れたために自動車内で生活をしている被災者にも同様の症例が報告されている。

エコノミークラス症候群の予防法
（1）長時間の航空機での移動中は、十分な水分を摂取する一方、脱水を招くアルコールやコーヒーの摂取を控えること
（2）足を上下に動かすなど適度な運動を行うこと

　とされている。席から出やすい、トイレに行きやすいなどの理由で、窓側の座席よりも通路側の座席を選ぶのも予防法の一つである。

参考 「国立循環器病研究センター　循環器病情報サービス
　　急性肺血栓塞栓症（エコノミークラス症候群）の話」
　　http://www.ncvc.go.jp/cvdinfo/pamphlet/blood/pamph46.html

5．市内交通のプリペイドカード

　ソウル、香港、シンガポール、台北、クアラルンプールなどでは、地下鉄・バスに乗れるだけではなく、コンビニやタクシーの支払いにも使えるプリペイドカードがある。利用範囲は国・都市によって異なるが、外国人旅行者にとっては、小銭を気にしなくてよいなど便利なカードである。クレジットカードとは異なり、紛失してもそのチャージ額以上の被害は発生しないが、使用を停止することは難しい。チャージ額が多額になりすぎないよう注意したい。

　バス、タクシー、鉄道などの市内の公共交通機関を利用しているとき

に自分の居場所がわからなくなった場合には、主要駅、空港、ショッピングモール、有名なホテルなど、自分がわかる場所まで移動してから宿舎に帰る方法を考えるとよい。その際、スマートフォンの地図・GPS機能が役に立つので、海外でもスマートフォンのデータ通信ができるようにしておきたい。

6．日本とは異なる交通ルール

- **左折専用中央車線（SHARED CENTER TURN LANE）**
  4車線（片側2車線）道路の中央にもう1車線あり、左折（右側通行の場合）やUターンをする場合、いったん中央車線に入って待機し、タイミングを見てから発進する。また、道路脇から左折（同じく右側通行の場合）で車道に出る場合に、いったん中央車線に入って待機し、タイミングを見て右側車線に合流する。
- **Car pool（相乗り）レーン、HOV（High Occupancy Vehicle）レーン**
  渋滞緩和のため2人または3人以上乗車している車の優先道路がある。人数や時間帯は標識に記載されている。指定されていない人数で当該車線を走行すると違反となる。
- **身体障がい者用の駐車スペース**
  公道だけではなく施設の駐車場内でも、当該車以外は駐車禁止が適用される。
- **ラウンドアバウト（ロータリー）**
  右側通行の国では反時計回りで走行する。ラウンドアバウトに出入りする部分では信号機がない場合が多いので、歩行者、自動車とも注意が必要である。

夏時間（Daylight Saving Time）

国・地域によって異なるが3月下旬（または4月上旬）から10月下旬（または11月上旬）までの期間、時計の針を1時間進めて日射を有効活用する。2016年のアメリカの場合、3月13日（日）午前2時に時

計を1時間進め、11月6日（日）午前2時に時計を1時間遅らせる。この期間、アメリカと日本との時差は1時間少なくなる。

アメリカでの夏時間の切替

冬時間から夏時間への切替え　2016年3月13日（日）

冬時間	0:00	1:00	2:00		
夏時間			3:00	4:00	5:00

午前2時に時計を1時間進めるので、この日は1日が23時間になる。

夏時間から冬時間への切替え　2016年11月6日（日）

夏時間	0:00	1:00	2:00		
冬時間			1:00	2:00	3:00

午前2時に時計を1時間戻すので、この日は1日が25時間になる。

グリニッジ平均時と時差

　グリニッジ平均時（GMT：Greenwich Mean Time）とは、グリニッジ子午線（経度0度）における平均太陽時（mean solar time）を指す。イギリスの標準時（standard time）は伝統的にこの名で呼ばれる。日本ではグリニッジ標準時と呼ばれることが多い。現在では、協定世界時（UTC：Coordinated Universal Time）が使われる。日本標準時（JST：Japan Standard Time）はUTC+9である。

　東京はUTC+9、ロサンゼルスはUTC−8である。冬時間では、東京とロサンゼルスの時差は17時間、東京の方が17時間早い。また、夏時間では、東京とロサンゼルスの時差は16時間、東京の方が16時間早い。北京はUTC+8なので、東京と北京の時差は1時間、東京の方が1時間早い。

MEMO

東京、北京、ロサンゼルス（冬時間）、ロンドン（冬時間）

東京 (UTC+9)	0	1	2	3	4	5	6	7	8	9	10
北京 (UTC+8)	23	0	1	2	3	4	5	6	7	8	9
ロサンゼルス (UTC－8)	7	8	9	10	11	12	13	14	15	16	17
ロンドン (GMT)	15	16	17	18	19	20	21	22	23	0	1

※ ■ は前日

時差を伴う移動

AからBまでの所要時間を30分とするとき、各方向での出発・到着時間は下記の通りとなる。

(1)時差が1時間の隣接する国または地域で移動する場合

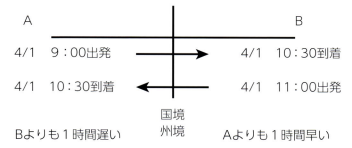

(2)時差が23時間の隣接する国または地域で国際日付変更線（International Date Line）をはさんで移動する場合

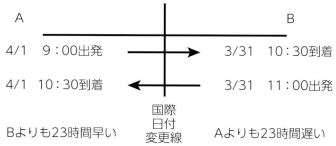

11	12	13	14	15	16	17	18	19	20	21	22	23
10	11	12	13	14	15	16	17	18	19	20	21	22
18	19	20	21	22	23	0	1	2	3	4	5	6
2	3	4	5	6	7	8	9	10	11	12	13	14

<u>AからBに向かう場合は出発日の前日に、BからAに向かう場合は出発日の翌日に目的地に到着する。</u>

演習 | Exercise

東京18時発、ロサンゼルスへ（時差17時間）

	東京出発	所要時間	ロサンゼルス到着
東京時間	<u>1/1 18：00</u>	10時間	1/2 4：00
ロサンゼルス時間	1/1 1：00	➡	<u>1/1 11：00</u>

東京1時発、ロサンゼルスへ（時差17時間）

	東京出発	所要時間	ロサンゼルス到着
東京時間	<u>1/1 1：00</u>	10時間	1/1 11：00
ロサンゼルス時間	12/31 8：00	➡	<u>12/31 18：00</u> <u>前日に到着</u>

ニューヨーク12時発、東京へ（時差14時間）

	ニューヨーク出発	所要時間	東京到着
ニューヨーク時間	<u>1/1 12：00</u>	14時間	1/2 2：00
東京時間	1/2 2：00	➡	<u>1/2 16：00</u> <u>翌日に到着</u>

ニューヨーク22時発、東京へ（時差14時間）

	ニューヨーク出発	所要時間	東京到着
ニューヨーク時間	<u>1/1 22：00</u>	14時間	1/2 12：00
東京時間	1/2 12：00	➡	<u>1/3 2：00</u> <u>翌々日に到着</u>

前日に到着

1）	4/1 羽田00：30 ➡ サンフランシスコ 18：00 前日 3/31 サンフランシスコ 20：00 ➡ サクラメント 20：50 ※サンフランシスコとサクラメントの間には時差はない <u>4/1のサンフランシスコ行きの次に3/31のサクラメント行きに乗る</u>
2）	4/1 羽田00：30 ➡ サンフランシスコ18：00 前日 4/1 サンフランシスコ10：30 ➡ ラスベガス13：30 　チケット上は同日なのでそのまま乗り継げると思ってしまうが、実際には<u>3/31の宿泊が必要</u>。 　※サンフランシスコとソルトレークシティの間には１時間の時差があるので、飛行時間は３時間ではなく２時間

緯度と季節による日の出と日の入り時刻の変化

緯度が高くなるほど、夏と冬の日の出・日の入りの時刻が大きく変わる。

		日の出	日の入り
レイキャビク （アイスランド） N64度、W21度	6月21日	2時49分	0時9分
	12月21日	11時18分	15時34分
シンガポール （シンガポール） N1.2度、E104度	6月21日	6時59分	19時12分
	12月21日	7時0分	19時04分

参考 「ke!san 生活や実務に役立つ計算サイト　日の出日の入り（世界地名選択）」
http://keisan.casio.jp/exec/system/1253955558

2）金銭に関する犯罪被害

まず初めに外国にどうやってお金を持っていくかを検討する必要がある。欧米を中心とした先進国ではクレジットカードが普及しているが、発展途上国では必ずしもそうとは限らない。また、若者の場合クレジットカードの限度額が限られており、それだけでは十分でない場合もある。他に、デビットカード（もしくはプリペイドカード）も検討する必要がある。現金はもちろん必要であるが、管理が難しいので必要以上には持って行かないようにする。渡航先によっては現地で日本円から現地通貨への両替ができない、またはレートが悪い場合もあるので、その場合は米ドルやユーロを持っていくことになる。

外貨両替の計算例

両替店が下記のような表示をしている場合、100円を1.0ドルで買う（Buy）、1.1ドルで100円を売る（Sell）の意味となる。旅行客から見れば、100円を払って1.0ドルを受け取り、1.1ドルを払って100円に戻ることになる。手数料が必要な場合は、受取額は表示額よりも少なくなる。

為替レート（両替店）の例

USD	Buy	Sell
JPY（¥100）	1.0	1.1

金銭関係の事件とその対策

1. **強盗（robbery）、ひったくり（purse-snatching）**
   - 路上での強盗（暗い場所、人目に付きにくい場所）
   - 首絞め強盗・羽交い絞め強盗
   - スプレー強盗：いきなりスプレーを顔面に噴射し、動揺している間に所持品をひったくる。

   対策 深夜の一人歩きを避ける。人気の少ない場所や危険な地域へは行かない。

- ボトルマン：前方から突然ぶつかってきて、ワインと称する赤い液体の入った瓶を落とし、割れたから弁償しろと金銭を要求する。
- 眼鏡強盗（眼鏡詐欺）：ボトルマン同様、前方からぶつかってきて、眼鏡が落ちて壊れたから弁償しろと金銭を要求する。

  対策 前方に注意し、自分の方に向かってくる人物と接触しないようにするとともに、万が一遭遇した場合は無視する。
- ケチャップ強盗・アイスクリーム強盗：「背中にケチャップ（アイスクリーム）がついていますよ」と言い、確認のために上着を脱がせ、その瞬間に手を離れた荷物をグループの別の人物が持ち去る。

  対策 2人以上で行動している場合は同行者に確認してもらう。1人の場合は、その場を離れて別の場所で荷物の安全を確保したうえで確認を行う。
- タクシー内での強盗：タクシーの運転手に金銭を奪われる。または、タクシーが突然停止し、強盗が車内に入ってくる。

  対策 流しのタクシーの利用は避ける。多少高くてもタクシースタンドやホテルからタクシーを利用する。
- 睡眠薬強盗：睡眠薬を混入した食べ物や飲み物を勧め、眠っている間に所持品を奪う。場合によっては、眠っている間に知らない場所に連れていかれて放置され、命を落とすケースもある。

  対策 知らない人から飲食物をもらわない。
- 押し入り強盗：後ろを付けてきて、自宅やホテルの部屋に入ろうとドアを開けたときに、後ろから押されて一緒に部屋に入ってきて金品を奪う。

  対策 自宅やホテルに入るときには、周囲に人がいないことを確認してから鍵を開けて入室し、入室したらすぐに施錠する。
- 路上でのひったくり

  対策 手荷物は極力減らすとともに、道路と反対側に持つ。ATMでお金をおろした直後は特に注意すること。
- コインばらまき：突然コインをばらまき、落としたコインを集める

のを手伝ってくれる人の所持品を奪う。

　　対策 他人に親切にするときにも、自分の荷物はしっかり管理する。

２．置き引き（pickup man）

- レストランなどで座席に置いた手荷物を持ち去る。

　　対策 バイキング（ビュッフェ）形式のレストランでは、貴重品を残したまま座席を離れない。離れるときは、盗られてもよいものやナプキンを椅子に掛けるなどして座席を使用中であることを示す。

- ホテル室内の金庫（セーフティーボックス）や荷物から貴重品が盗まれる。

　　対策 貴重品はホテルレセプションの貸金庫を利用する。その他のものは、室内の金庫かスーツケースに保管して施錠する。

- ホテルの貸金庫

　　対策 現金を預ける場合は封をする。

- 飛行機内頭上の荷物入れに入れた荷物：乗客が就寝中に機内の荷物入れから財布などの貴重品が抜き取られた。同社では同様の事件が繰り返し起こっており、犯人が客室乗務員であることが判明。

　　対策 就寝中であっても、財布等の貴重品は身に着けておく。

- 飛行機に預けた荷物

　　対策 貴重品はスーツケースに入れて預けるのではなく、手荷物に入れておく。近年TSAロックが普及しており、合鍵を使っての盗難事件も起こっている。機内の荷物入れに荷物を入れるときも貴重品は身に着けておく。

- 駐車中の自動車からの盗難

　　対策 自動車を駐車する際は、車内に荷物を残さないようにする。荷物がある場合はまずトランク等見えない場所に収納した上で、車を別の場所に移動させて駐車する。

３．スリ（pickpocket）

- 混雑した路上でのスリ
- 電車・バス内でのスリ

[対策] p.65〜67のひったくり・置き引きを参照。

4．詐欺（fraud, scam）

- クレジットカードの不正使用
  [対策] クレジットカード使用後は明細を確認。見えないところでカード決済をしようとする場合は注意。
- 偽商品
  [対策] 偽ブランドは、オリジナルと酷似していても、品質的には粗悪品も多い。激安品には注意。これらは日本への持ち込みが禁止されているので、万が一持ち帰った場合税関で没収されるほか、大量に持ち込もうとした場合、没収されるだけではなく犯罪となる可能性がある。
- 両替のごまかし
  [対策] 両替したときにはその場で金額を確認。また、できるだけわかりやすい金額を両替する。
- いかさま賭博
  [対策] 儲かる話には裏があるので注意。
- 偽札
  [対策] 空港内や銀行等の信頼できる両替所で両替をする。日本で両替が可能な通貨の場合は、日本で両替することも検討する。日本で両替することで両替時の盗難予防にもなる。
- 偽警官
  [対策] パスポートの提示を要求されたら、大使館や警察署に連絡した上で提示をする。本物の警官の場合もあるので、拒否することもよくない。
- 偽スタッフ：チェックインに不備があるなどと言って、パスポートを受け取るために部屋に来て、パスポートをだまし取る。
  [対策] ホテルのスタッフであっても、パスポートや金品を渡す必要がある場合には、自分でフロントに行って必ず直接手渡す。

5．ぼったくり（rip-off, unfair overcharging）

- ●法外な値段を要求する。
- ●タクシーでメーターを使わず遠回りをしたり、不正改造したメーターで正規の料金よりも数倍早いペースで上昇していく。

  対策 タクシーはホテルやタクシースタンドなど、信頼できる場所から乗る。

6．空き巣（burglar）

　住宅の施錠については可能な限り二重ロックとして、侵入に時間を要するようにすることが望ましい。ホテルやホームステイの場合、自室を施錠してもハウスキーパーやホストファミリーが部屋に入ることができる可能性がある。そのため、施錠だけで安心せず、室内に貴重品を放置しないようにすることが必要である。

　室内においては、貴重品は金庫または施錠したスーツケースに収納するなどし、外部から侵入者があっても簡単に貴重品にアクセスできないようにする。

7．ATM、両替（currency exchange）

　金銭を奪われる類の犯罪の場合、多くは早い段階で犯罪者から目をつけられている。例えば、ATMから多額の現金を引き出す、空港の両替店などで多額の両替をしている、レジで支払いをするとき意図せず財布の中身を周囲の人に見せている、など犯罪者にお金のありかを知らせてしまっているケースが少なくない。多額の現金を持った時には、いったん宿舎等に戻り、必要な金額だけを持って再び買い物に出るか、ATMには買い物の最後に行くなどの工夫が必要である。

　自分にとっては少額であっても、その国の経済事情によっては、多額の現金を持ち歩いている場合もあるので、その日必要な現金と予備の現金を別途持つ程度にすることが望ましい。

8．誘拐（kidnapping）

- ●特急誘拐：誘拐した被害者からクレジットカード、キャッシュカード等で現金を引き出させ、すぐに解放する。

対策 必要以上の現金やクレジットカードを持ち歩かない。万が一被害にあった場合には要求に従いお金を渡す。
- 誘拐とみせかけお金をとる：映画鑑賞中などの理由で携帯電話の電源を切っている人の家族に対して、「子供を誘拐した」と電話をし身代金を要求する。身代金が払われた頃、本人は何も知らずに映画館から出てくる。一種の振り込め詐欺。
　　対策 外出するときには必ず行先や帰宅予定時間を家族やルームメイトに伝える。携帯電話がつながらなくなる可能性がある場合は、そのことについても伝えておく。

一般的な注意事項

- 泥棒は侵入に3～5分かかるとあきらめる。そのために、二重ロックをするなどして、侵入に時間をかけさせることで侵入をあきらめさせる。
- 家に入る瞬間などのスキを見て狙ってくるので、帰宅時は周囲の安全を確認してからドアを開け、入ったらすぐにドアを閉める。
- 街に慣れていない観光客が狙われやすいので、ガイドブックは必要なページのみコピーして持ち歩く。
- 夜の単独行動は避ける。
- バックパック等の背中の荷物に注意。場合によっては前に抱えることも必要。
- 外出する時には荷物は最小限にする。
- 鞄の中身を二重にする。
- 寒冷地であれば、荷物の上にコートを着る。
- 現金・カード類は複数の財布やポケット、鞄に分散させて所持する。
- 不必要に近づいてくる人物がいないかを確認する。
- 万が一強盗にあったら、決して抵抗せず犯人の指示に従い、落ち着いて手持ちのお金を渡す。この時、犯人の顔を見ないようにする。ポケットや鞄に手を入れてはいけない（武器を取り出すと思われて

しまう)。
- 失ってもよい金額を用意しておく。少なすぎても犯人を刺激してしまう。
- セーフティーボックス（金庫）の暗証番号（PINナンバー）を設定するときには、まずすべてのキーに触ってから実際の暗証番号を入力する。

3）薬物四法

薬物四法とは、日本国内において薬物の流通や管理の仕方を決めている4つの基本的な法律あり、それらは、

①あへん法
②大麻取締法
③覚せい剤取締法
④麻薬及び向精神薬取締法

である。

なお、薬物四法は、麻薬をはじめ薬物に関するすべての法律を網羅しているわけではなく、国際麻薬三条約とつじつまを合わせるために作った麻薬特例法のように、ここには含まれていない法律もある。

近年、一般人による薬物の使用が多く報道されている。多くは軽い気持ちで使い始めたりしているのかもしれないが、結果として薬物に依存してしまったり、幻覚が起きたり、薬物を買う資金を得るために犯罪に走ったりするケースもある。

薬物に対する刑罰は非常に厳しく、軽い気持ちで使ったために人生を棒に振るケースも少なくない。大麻の場合、栽培または輸出入については予備罪も処罰され、栽培、輸出入、所持、譲渡、譲受ともに未遂でも処罰される。また、国外犯にも適用される。薬物にかかわる犯罪には死刑が適用される国もある。

危険ドラッグ

　危険ドラッグは、当初は合法ドラッグと呼ばれ、その後脱法ドラッグ、違法ドラッグを経て現在の名称となった。

　危険ドラッグに指定されている薬物は増え続けているが、規制した薬物とは異なるが類似した構造や作用を持った新たな薬物が次々と出てきているのが現状である。

薬物に関わる犯罪とその刑罰（抜粋）

薬物名	違反		罰則
覚せい剤	輸出・輸入・製造	単独	1年以上の有期懲役
		営利	無期または3年以上の懲役
	譲渡・譲受・所持・使用	単独	10年以下の懲役
		営利	1年以上の有期懲役
大麻	栽培・輸出・輸入	単独	7年以下の懲役
		営利	10年以下の懲役
	譲渡・譲受・所持	単独	5年以下の懲役
		営利	7年以下の懲役

意図せず薬物絡みの犯罪に巻き込まれる事例

　空港でチェックインする直前に、見知らぬ人から荷物を預かってそれを到着時に空港で待っている人に渡してほしいと頼まれた事例がある。荷物の中身が薬物で、到着時の税関検査で薬物が発見され摘発されることになる。チェックインの際、「この荷物は自分で荷造りしたか？」「知らない人から荷物を預かっていないか？」「荷物から目を離さなかったか？」といった質問をされることがある。これらは、前述のようなトラブルを避けるためでもある。これらの質問がなされなかったとしても、自分で確認しておくことが望ましい。

事例1
　アフリカから中東経由で日本に帰国した旅行者が、スーツケースの中に覚せい剤が入っていたとして摘発された。日本の友人にコーヒーを運んでほしいと頼まれ、旅費とアルバイト代を受け取って渡航、帰国時に摘発された。

事例2
　A国への旅行に参加した旅行者のグループが、経由地のB国滞在中にスーツケースを盗まれ、コーディネーターが代わりのスーツケースを用意した。A国への入国時にそのスーツケースからヘロインが見つかり旅行者は逮捕された。その後、A国において服役した。

事例3
　覚せい剤を日本の空港に持ち込んだとして、女性が逮捕された。「食材を輸出するとの説明を受け、それを信頼していた」と弁明し、持ち込んだ認識はなかったことが認められて無罪となった。

各国の薬物への対応

　薬物の乱用により犯罪が誘発される可能性があることから、多くの国では治安維持のために薬物が厳しく法規制されており、製造・所持・使用すると罰せられる。薬物に関する犯罪に関しては死刑を科す国もある。また、死刑が廃止されている国においては、終身刑、無期懲役等が科せられる。

　受刑者移送条約の非締結国で罪を犯した場合、日本に移送されることなく、当該国で収監されることになり、日本よりも厳しい刑罰を受けることもある。

4）その他

写真撮影

　写真撮影については、政治、軍事、治安、宗教等の理由で許可されないこともある。違反した場合、カメラを没収されたり、警察に連行され

たりする場合もあるので注意すること。空港内は、出入国審査場では撮影禁止であるが、ロビー、待合室等も撮影禁止の場合もあるので、表示に注意すること。撮影禁止の空港で撮影された写真がインターネット上にアップロードされている事例も多数あるが、情勢によって突然摘発が始まる可能性もあるので注意すること。

海外滞在中のデータの管理

PCの盗難、緊急帰国時にPCを残して帰らざるを得ない場合等の最悪のケースを想定し、現地で得たデータはクラウドに保存する、またはメール添付で日本の会社や学校に送付するなど、管理をしっかりと行う。しかし、データの重要性からクラウドに保存したり、メール添付が認められないケースでは、フラッシュメモリ、ハードディスクドライブ等に保存し、旅行者自らが管理をする必要がある。

チップ

チップの習慣がある国では、それに従うこと。チップを払わないことにより店員と問題が生じることがある。また、お釣りなどで小銭が残っているからと言って、少額のコイン（1セント硬貨など）のみでチップを払うのはマナー違反であり、やはり問題を生じる可能性がある。

MEMO

第8章
航空券・海外旅行保険

1）航空券

　海外へ渡航する際、近隣国へは航路の利用も考えられるが、多くの場合は航空機を利用するものと思われる。航空券にはエコノミークラス、ビジネスクラスといったサービス上のクラスの違い以外にも、様々な条件の違いがあり、価格のみに注目するのではなく自分の渡航目的に適した航空券を利用する必要がある。

　航空券は氏名が券面に記載された者のみが使用でき、名義の変更はできない場合が多い。一つの旅程で搭乗区間が複数ある場合は順序通りに搭乗しなくてはならず、途中の区間で搭乗しなかった場合は、その区間およびその後の区間がすべて無効となる。

　航空券の形態は、主として次の5種類に分別される。

種　　類	区間の例
片道（One Way, OW）	東京 ➡ ニューヨーク
往復（Round Trip, RT）	東京 ➡ ロンドン ➡ 東京
周回（Circle Trip, CT）	大阪 ➡ パリ ➡ ローマ ➡ 東京
オープンジョー (Open Jaw, OJ)	東京 ➡ ロンドン、パリ ➡ 東京 または 東京 ➡ ロンドン、パリ ➡ 大阪
世界一周 (Round The World, RTW)	東回りまたは西回りで 太平洋と大西洋を1回ずつ横断

発券

　航空券は航空会社の旅行会社からも購入・発券できるが、ウェブサイトによる販売に限定している航空会社もある。LCC（格安航空会社）

を除く多くの航空会社では往復の利用便を指定して購入する場合が多い。運賃に加えて空港税、出入国税などの税金、燃油サーチャージなどを同時に支払う必要がある。

Eチケット

　Eチケットは航空券に必要なデータを航空会社のコンピューターに電子的に記録したものであるため、紙の航空券は発行されない。旅客には「旅程表（Itinerary）」、「確認書」、「お客様控え」などと呼ばれる用紙が渡される場合もあるが、これらの書類がPDFファイルとしてメール添付で送られる、ウェブサイト上で表示された書類を乗客自身が印刷をするなどする場合もある。これら印刷された用紙は一般的に「Eチケットの写し」と呼ばれる。

　搭乗手続きにあたっては、Eチケットの写しとパスポートを確認の上、搭乗券が発行される。近年は、搭乗券の発行・印刷は事前にオンラインまたは空港で専用の機械を使い、乗客自らが行うケースが多くなっている。搭乗券は飛行機に乗るためのパスで区間ごとに発行される。入国審査において帰国または第3国への出国の航空券の提示が要求される場合、以前は航空券が原本の提示が基本であったが、現在ではEチケットの写しを提示することになる。

　乗客が所持・提示するのは写しであるため、紛失や盗難にあった場合でも再発行といった煩雑な手続きも不要で、乗客自身がウェブサイトなどから改めて印刷すればよい。コピーを取っておいて予備として所持しておくことも可能である。

Eチケットに関するトラブル（旅行会社の倒産）

　以前使用されていた紙の航空券は有価証券としての価値があったが、現在主流となったEチケットは有価証券ではない。しかし、このEチケットの制度を悪用した詐欺行為も起こっている。航空券を予約した旅行会社が倒産した場合に搭乗拒否される事例もある。これは、支払いから発

券の間に倒産する可能性があるからである。航空券においては、予約と発券が別であることを覚えておきたい。

国際線航空券の種類

航空券は、購入期限、滞在期間、予約変更の可否、経路、出発時期、購入時期などによって大きく価格が異なる。単に価格を比較して安価なものを選ぶことが多いが、到着時刻や変更の利便性についても十分に考慮する必要がある。

航空券の価格と条件

条件	価格が安い ―――――――――→		価格が高い
購入期限	早い		遅い（出発直前）
滞在期間	短い		長い
予約変更	不可	復路のみ可、手数料で可	可
払い戻し手数料	払戻し不可	高い	安い
ルート	乗継・経由（所要時間が長い）		直行（所要時間が短い）
出発時期	閑散期		繁忙期（盆、正月、GWなど）

普通運賃の目安

日本から欧米への片道（エコノミークラス）の運賃は諸経費込みで40～60万円程度である。通常は普通運賃を利用することはあまりないが、緊急事態で帰国するときには普通運賃で航空券を購入することが必要なケースもある。そのため、自分の渡航先への普通運賃を事前に知っておくことで、緊急帰国時のために航空券を購入する際、価格の判断材料となる。もちろん、時間をかけて探せば安い航空券を見つけることができる可能性はあるが、緊急時には時間が最も大切であり、決断力も必

要である。

「航空会社未定」の航空券はなぜ安い？

　旅行会社では、「航空会社未定」とした安価な航空券が売られている。この航空券は、なぜ安いのだろうか？

　このような航空券を予約した場合、飛行機のスケジュールが確定するのは通常は出発の1週間前である。ここで、ある国まで3日間の航空券の場合を検討する。もし、到着が初日の23時で、出発が最終日の8時だったら、どんな旅行になるだろうか。現地での滞在は、実質的に中日の1日だけとなる。

　治安面の問題がある都市の場合、深夜の到着は避けるべきである。しかし、この航空券ではいったん購入すると原則として変更はできない。また、基本的に到着時刻等のリクエストをすることもできない。少しのお金を追加すれば時間帯や航空会社も指定できるので、行先によっては、スケジュールを自分で決めた上で航空券を予約することが必要である。

別切り航空券

　2つの航空券をあわせて1つのルートを組む際、この航空券を別切りと呼ぶ。例えば、大阪〜東京（A社）と東京〜ニューヨーク（B社）の航空券を別々に購入したとき、A社の遅延によってB社のフライトに間に合わなかった場合でも、B社には原則として払い戻し、振替などの責任は生じない。

　遅延に備えて、大阪〜東京〜ニューヨークというルートで1つの航空券として発券しておくことが望ましい。この場合、大阪〜東京のフライトが遅延しても、その後のフライトは適当な代替フライトが提案される。ただし、両区間に就航している航空会社の間に提携がないなど、両区間を1枚の航空券で発券ができない場合、十分な乗り継ぎ時間を確保することで、遅延が発生しても次のフライトに間に合うようにスケジュールを決めることが重要である。

2）海外旅行保険

　近年、海外旅行中の事故（病気・ケガを含む）により、多額の費用を要するケースが多く発生している。例えば、交通事故や重病で手術をしたり、ICU（集中治療室）に入院したりすると、その費用は数百万円では済まない場合もある。また、医師が同行してチャーター機で帰国することになると、数千万円の費用が生じる。

　そのため海外に渡航するときには十分な海外旅行保険に加入する必要がある。治療費が日本と比べて高額なだけではなく、保険による十分な補償がないと治療が受けられない場合もある。また、キャッシュレスサービスにより治療費を保険会社が医療機関に直接支払う、日本語で受信できる医療機関の紹介などのサービスもある。クレジットカードにも付帯保険があるが、補償額が不足したり、前述のようなサービスが受けられなかったりすることがある。

　団体旅行で渡航する場合、全員が同一社の同一の保険に入っておくことが望ましい。また、保険金の支払いには細かい規定があり、加入時に渡される証書や約款をよく読んでおくことが望まれる。また、事故が起きたときにはこれらの書類を読んで、保険会社に連絡をすること。

　盗難にあった場合は警察に届けて盗難証明を作ったうえで保険金の申請を行うが、盗難証明には商品名、型番、シリアルナンバー等が必要となるので、貴重品に関しては事前に保証書のコピー等を準備しておくと手続きがスムーズに進む。

　病気や事故の場合、診断書や事故証明が必要となるので、帰国後に保険金の申請をする場合であっても、現地滞在中に保険会社に連絡をして必要な書類について確認しておくこと。

注意点

　「携行品」は、破損および盗難が対象で、置き忘れや紛失では適用されない。また、契約内容によって異なるが1点につき10万円が限度となる。例えば、携行品損害20万円の契約であれば、1点につき10万円で、

かつ合計20万円以内の範囲で保険金が支払われる。

　飛行機に預けたスーツケースが破損したというケースが多いが、空港でスーツケースをピックアップしたら破損がないかを確認し、破損があれば航空会社職員から破損証明書をもらうことが必要である。

　「疾病応急治療・救援費用」は出発前に発症した病気が対象であれば、31日を超える保険の契約にはつけることができない。また、限度額が一般的に300万円程度と、渡航後に発症した場合よりも少ない。また、契約によってはこのような対応ができない保険もあるので注意が必要である。

　提携病院以外ではキャッシュレス受診ができないので、事前に保険会社に連絡をし、どの医療機関へ行くのがよいか指示を仰ぐとよい。

　病気などの理由で当初予定よりも早く帰国することが必要になった場合、自己判断で帰国し、航空券の変更などで費用が発生した場合でもその費用に保険が適用されない可能性があるので事前に医師の診断を仰ぎ、保険会社と調整をすることが必要である。また、ストレッチャーでの移送、機内での酸素ボンベの利用、医師が同行しての帰国、チャーター機の利用についても、医師および保険会社との調整が必要である。

クレジットカード付帯保険だけでは不十分

　下記はある大手クレジットカード会社の付帯保険の例である。

大手クレジットカード会社の付帯保険の例

担保項目	保険金額
傷害死亡・後遺障害	最高2,000万円
傷害治療費用（1事故の限度額）	50万円
疾病治療費用（1疾病の限度額）	50万円
賠償責任（1事故の限度額）	2,000万円
携行品損害［自己負担：1事故3,000円］（1旅行中かつ1年間の限度額）	15万円
救援者費用（1年間の限度額）	100万円

最高2,000万円とあり、一見これで十分に思える。しかし、これは傷害死亡および後遺障害に限っての場合であり、そのほかの項目が十分ではない場合がある。また、後遺障害についても十分であるとは言えない。ほかにも、クレジットカード付帯保険の場合、そのクレジットカードで航空券や旅行費用の決済をしていることが保険適用の条件となる場合もあり、事前に確認が必要である。

　多くの旅行者は海外旅行保険を使うことがなかったり、小さな事故や軽い病気であれば上記の付帯保険の範囲内でカバーできていると考えられる。しかし、国によっては救急車を呼ぶだけで5万円以上かかったり、1日入院するとそれだけで10万円単位、手術では数百万円以上となるケースは珍しくない。そこで、別途海外旅行保険に加入する必要がある。下記に海外旅行保険の例を示す。渡航先や期間にもよるが、最低限これぐらいの額の保険は準備しておきたい。近年、特に治療・救援費用については無制限の商品も増えている。

海外旅行保険の例

担保項目	保険金額
傷害死亡	3,000万円
傷害後遺障害	3,000万円
疾病死亡	1,000万円
治療・救援費用	3,000万円
個人賠償責任	5,000万円
携行品損害	20万円
航空機寄託手荷物遅延	10万円
航空機遅延費用	2万円

　次ページに海外旅行保険の主な補償内容を示す。

海外旅行保険の主な補償内容

項　目	補償内容
傷害死亡	旅行中の事故によるケガが原因で、事故の日からその日を含めて180日以内に亡くなった場合
傷害後遺障害	旅行中の事故によるケガが原因で、事故の日からその日を含めて180日以内に身体に後遺障害が生じた場合
治療・救援費用	旅行中にケガや病気で治療を受けた場合の治療費の支払いや、3日以上入院または搭乗中の飛行機が遭難し、日本から家族が現地に行く場合など
疾病応急治療・救援費用	旅行出発前の病気で、旅行中に応急治療を受けた場合や、3日以上入院し、日本から家族が現地に行く場合
疾病死亡	旅行中に病気が原因で亡くなった場合
個人賠償責任	旅行中に他人にケガをさせたり、あやまって店の品物を落として壊してしまったり、ホテルの部屋を水浸しにしてしまい、法律上の賠償責任を負った場合など
携行品損害	旅行中に携行するものが盗まれた、あやまって落として破損した場合、パスポートの盗難により再取得する場合など
航空機預託手荷物遅延	旅行中、搭乗時に航空会社に預けた手荷物が、到着後6時間以内に目的地に運搬されなかった場合
航空機遅延	旅行中に悪天候や機体の異常などの理由で、搭乗予定の航空機が6時間以上の遅延、欠航・運休の場合など

第9章 緊急時の対応

1）自然災害への備え

近年、日本で災害が発生した場合には、全国の自治体や自衛隊、民間企業、団体による支援が、災害発生の数日後には始まり、支援物資が被災地に届く。しかし、被災地での情報不足や避難所への道路が寸断されていて物資が被災者の手に届きにくいケースがある。そのため、こういった大規模な支援が届くまで、自分自身または身近な人々と協力してあらかじめ備蓄をしておくことが重要である。

「自助、共助、公助」と言われるが、いざという時には時間軸としては次のような順に頼りになる。

自助（個人）	自ら（家族も含む）の命は自らが守ること、または備えること
共助（地域）	近隣が互いに助け合って地域を守ること、または備えること
公助（行政）	自治体をはじめ警察・消防・ライフラインを支える各社による応急・復旧対策活動

2）自然災害で外に出られない場合に備えて

停電、断水、住宅の損壊などが考えられるので、後述の物資を準備しておくことが望ましい。地震はいつ起きるか予測することは困難であるが、台風であれば数日前にはある程度経路を予測することは可能であり、そのための準備を始めることができる。ただし、台風が来るから準備をするのではなく、普段から準備をしておくことが望ましい。

準備すべき物資の例
- 食料（主食、副食）および飲料水　最低３日〜１週間分以上
- 飲料水は１人１日２リットル
- 飴・チョコレート・乾パン等の日持ちがして一定の栄養のある食品
- 衣類、ヘルメット・帽子、手袋
- 靴（室内にガラスが散乱したとき靴または底の厚いスリッパが必要）
- 懐中電灯、ラジオ、予備のバッテリー（電池、ソーラー式充電器、手回し充電器）、トランシーバーなど

　自助のレベルで１週間過ごせることが望ましい。また、準備するだけではなく、いざという時にすぐに使える場所に保管することも重要である。ただし、盗難にあいやすい場所には保管してはいけない。賞味期限や消費期限を考慮しながら古いものから順次使用し、いざという時に期限切れとならないようにすることも考えなければならない。

　乾パン、クッキーは保管しやすいので便利であるが、水分を必要とすることも忘れてはならない。近年、最高で３年間という消費期限の缶詰パンや、「ミリ飯」と呼ばれる軍隊用の携帯食もあり、このような商品も緊急時に有効である。

３）政情不安、治安悪化時の対応

　情報収集を行い、帰国するべきかどうかを検討する。帰国の可能性が少しでもある場合は、航空券の項目で述べたように帰国航空券の手配を行う。その際、変更の可能性（日時、航空会社、経由地等）を考慮して普通運賃の航空券を準備することが望ましい。また、いつでも出発できるように次項で述べるような荷物の準備を行う。

　暴動等が治まりそうな場合は、引き続き滞在を続けることになるが、そうでない場合は退避を前提に準備をする。その点については、日本側の指示を仰ぐことになるが、日本側で十分に情報を収集できない場合もあるので、渡航者自身が現地事情を十分に考慮して、引き続き滞在する

か帰国するかを検討して、日本側と最終決定をすることになる。また、帰国ではなく、近隣の安全な国への一時退避も検討する必要がある。家族が帯同している場合、家族については事前に出国させておくことが望ましい。

4）緊急帰国に備えて

　海外に滞在中に政情不安や治安悪化で滞在を中止し、急遽帰国しなければならない場合も考えられる。その場合、まずは本書「第5章　安全情報の収集」で述べたように十分な情報収集を行い、帰国する場合に備えて次に述べるルート選定方法により初期の段階で緊急帰国ルートを選定しておくことが重要である。

緊急帰国が必要となったとき

　1年以内の渡航では往復航空券を利用する場合が多いと考えらえる。緊急帰国が必要となった時にはまずはこの航空券の復路の利用と考えるが、できるだけ早い、希望する日程に空席があるとは限らない。また、復路の予約が変更できない航空券であったり、1年を超える渡航（就業、留学等）では日本へ帰国する航空券を所持していない場合もある。このような場合、滞在地から日本へ帰る方法を検討する必要がある。もちろん、旅行会社に出発地と到着地を伝えて航空券が確保できればそれが最も簡単である。しかし、営業時間外であるなど自ら航空券を手配せざるを得ないケースも考えられる。航空会社や旅行会社の各地のオフィスの連絡先を知っておくべきである。

　特に、日本への直行便がない都市からの帰国には、適切な乗継地および航空会社を見つける必要がある。

緊急帰国ルートの選定

　空港には都市名とは別に名称を有する場合があるが、まずは検索サイトで都市名により「○○国際空港」をキーワードとして検索する。都市

名と空港名が異なる場合でも、多くの場合この方法で当該都市の空港が見つかる。もちろん、自身の滞在地であれば通常は正式な空港名を知っているであろう。次に、その空港のウェブサイト、または検索サイトの検索結果から、その空港からどこの空港への路線があるかが分かる。その中に日本の空港が見つかればその路線を運航している航空会社の航空券の購入を最優先し、なければ日本への直行便がありそうな空港・路線を探すことになる。これを繰り返して、日本へのルートを確定する。そして、そのルートでの航空券を航空会社・旅行会社から購入する。

例）カンパラ（ウガンダ）から日本に帰国するルートを検討する。
1）「カンパラ国際空港」を検索すると、カンパラ市には国際空港はないので首都の国際空港である「エンテベ国際空港」が見つかる。
2）「エンテベ国際空港」を検索すると、同空港からはロンドン・ヒースロー、アムステルダム、ドバイなどへの路線があることが分かる。また、同空港の3レターコードEBBも分かる。引き続きこれらの空港からは路線を検索すると、いずれも日本への直行便があることが分かる。もし、日本への路線が見つからない場合、日本への路線がありそうな経由地を検討する。

　上記の空港を経由してのカンパラから日本への経路案としては以下のとおりである。各空港の名称と（　）内にその3レターコードを、各経路の最後に利用できる航空会社と（　）内にその2レターコードを記載する。
・エンテベ（EBB）〜ロンドン（LHR）〜東京／羽田（HND）、British Airways（BA）
・エンテベ（EBB）〜アムステルダム（AMS）〜東京／成田（NRT）、KLMオランダ航空（KL）
・エンテベ（EBB）〜ドバイ（DXB）〜大阪／関西（KIX）、エミレーツ航空（EK）

ここに示した例は同一の航空会社でカンパラ（エンテベ国際空港）から日本へのルートであるが、もちろん複数の航空会社を利用する経路も考えられる。なお、日本へ帰国するのではなく、一時的に滞在地の近隣国に退避する場合もある。
　アフリカ、南米などから帰国する場合は、往路とは逆方向のルートも検討する必要がある。
例）往路が日本から中東経由でアフリカの場合、復路は北米経由など。

航空券の緊急確保
　あらかじめ選定しておいたルートの航空券を確保する。その際、費用はかかるが、予約変更可能、また他社への振替が可能となる航空券（普通運賃）が望ましい。緊急時にはその地域の多くの人々が短期間に出国しようとするので、空席がない場合には高価であってもビジネスクラスの利用も含めて検討し、見つけたら迷わずすぐに確保することが必要である。さらに、空港間の安全な移動手段を複数検討しておくことも重要である。
　緊急のフライト予約や変更に備えて、航空会社や旅行会社のオフィスの電話番号を携帯電話に登録しておくとともに、バッテリー切れに備えてメモをしておくことも必要である。これらの電話番号は、滞在地と日本だけではなく、欧州、米国などの支社・支店も登録しておくと、24時間いつでもどこかのオフィスとコンタクトが取れることになる。最近では、日本のオフィスで24時間連絡を受けることができる航空会社もある。
　また、滞在先の電話番号（宿舎、携帯）を航空会社に伝えておけば、フライト変更の情報なども連絡が受けられることもある。

情報伝達について
　電話で航空券を予約する場合、搭乗区間を正しく伝える必要があるが、音声が聞き取りにくい場合がある。航空券購入時以外にも氏名や地名を

正しく伝える必要性は緊急時にかかわらず起こりうる。そのような場合、スペルを伝えることになるが、アルファベットを伝えるための世界共通のフォネティックコード（Phonetic Code）を使うと、より正確に伝えることができる。

フォネティックコード

A	Alpha	J	Juliet	S	Sierra
B	Bravo	K	Kilo	T	Tango
C	Charlie	L	Lima	U	Uniform
D	Delta	M	Mike	V	Victor
E	Echo	N	November	W	Whiskey
F	Foxtrot	O	Oscar	X	Xray
G	Golf	P	Papa	Y	Yankee
H	Hotel	Q	Quebec	Z	Zulu
I	India	R	Romeo		

例）バンコクをフォネティックコードで書くと

　　Bravo Alpha November Golf Kilo Oscar Kilo

> #### 📦 演習 | Exercise
>
> 国名・都市名を利用したフォネティックコードの表を完成させよ。
>
> | A | | J | | S | |
> |---|---|---|---|---|---|
> | B | | K | | T | |
> | C | | L | | U | |
> | D | | M | | V | |
> | E | | N | | W | |
> | F | | O | | X | |
> | G | | P | | Y | |
> | H | | Q | | Z | |
> | I | | R | | | |

緊急出国の準備

出国にあたって、即時行動ができるように、あらかじめ荷物をまとめておくことが望まれるが、ここでは出国がどれくらい切迫しているかで、いくつかの段階に分けて述べる。

（1）即時脱出（10分以内：車の準備ができていて、部屋から荷物を取り出してすぐに出発する）

　　　パスポート、現金、クレジットカード、航空券、海外旅行保険証書、携帯電話（予備バッテリーも）、懐中電灯など
　※これらのものは、厳重に管理したうえで普段から身に着けるか通勤（通学）用のバッグに入れておくとよい。
　　懐中電灯の代わりにスマートフォンのアプリを使う方法もあるが、バッテリーの消耗を防ぐために、極力避けたい。緊急用の荷物には夜光性（蓄光性）のラベルを貼っておくと、夜間の視認性が高まり、暗闇で荷物を探すときにも役立つ。

（2）急いで脱出（30分程度：これから車が準備される）

　　　業務上特に重要な資料（PCやHDD内のデータを含む）など、後日新たに入手が困難なものを（1）のバッグに追加する。ただし、これらの業務データは日頃から安全性の確保されたクラウドに保管するか、日本に送ることを習慣づけておくことが望ましい。

（3）数時間以上ある場合

　　　一人で運べる範囲で、（1）（2）の手荷物に加えて小さなバッグ1個程度にまとめるとよい。ただし、緊急時に走れるように、キャリーバッグよりも布製のバッグの方がよい。これも緊急時持ち出しバッグとして準備しておくとよい。

最後に

ここまで準備しておくことは手間もかかるようにも思われるが、業務データや貴重品を普段からきちんと管理しておけば、特に大きな負担が

増えるわけではない。危機管理の世界では、「準備をしたが、使わずに済んだ」となることが一番よいことであることは言うまでもない。

緊急事態発生中の定時連絡

　「何かあったら連絡する」というには日常生活においては重要なことであるが、緊急時においては「例えば1日2回決まった時刻に何もなくても連絡をする」ということが必要である。「便りのないのは良い便り」と言われるが、緊急事態においては留守宅では「連絡がない＝最悪のケース」も想定しておかなければならない。また、連絡の手段としてはメールよりも電話が望ましい。メール以外の手段がない場合は、メールを送るだけではなく相手からの受信の確認をもらうことを忘れないようにしたい。

緊急対応のための情報

　海外渡航中に事故が起こった場合、海外に滞在する当事者は現地において警察、救急、会社、学校、在外公館、旅行会社、保険会社等と連絡を取り合う必要があるとともに、日本国内の家族、会社、学校関係者ともそれぞれ連絡を取り合う必要がある。その際に慌てることがないよう、あらかじめ連絡先一覧を作っておくことが望ましい。付録（p.122）に示す表は、海外に渡航する前に最低限調べておく情報の一覧である。これを、渡航者自身が持つことはもちろん、派遣元の団体、学校、会社、家族などが情報を共有しておくことが重要である。パソコンやスマートフォンにも保存、登録しておくことが望ましい。しかし、緊急時に一番役に立つのは紙に印刷したものであり、事前に準備しておきたい。

　また、航空券（航空券番号、日程）、海外旅行保険証書（証券番号）、クレジットカード番号、貴重品の保証書やシリアル番号などの情報も、パスワードで保護した上で、安全な場所に保管しておくことが望まれる。

第10章
留学や海外プロジェクトなどで海外に居住する際の安全管理

はじめに

　社会経済のグローバル化の進展に伴い、国際的に活躍できるグローバル人材が求められている。このような状況を背景に、文部科学省は官民協力による海外留学を積極的に推進するとともに、大学におけるグローバル人材育成のための取組も強化されてきた。その一方で、海外留学した学生たちが、現地でさまざまな事件や事故に巻き込まれる懸念も強まっている。わが国の治安は近年悪化してきたと言われるが、世界の平和やテロの状況を公表しているVision of Humanityによると、2014年の日本の平和指数は162ヶ国中第8位と世界的に見ても極めて安全度

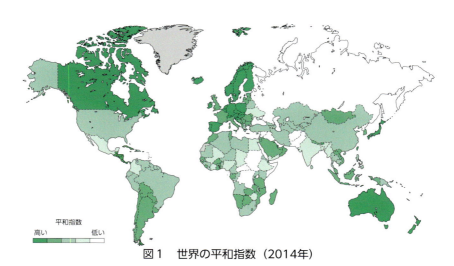

図1　世界の平和指数（2014年）

出典　「Vision of Humanity "Global Peace Index"」より改変して引用
http://www.visionofhumanity.org/#/page/indexes/global-peace-index

の高い国である（ちなみにアメリカは101位）（図1）。日本人は、「水と安全はタダ」と考えていると言われるが、この認識のまま海外渡航するとひったくりや泥棒をはじめ、さまざまなトラブルに巻き込まれたり、引き起こしてしまう恐れのあることが容易に理解できるであろう。海外渡航としては、1週間程度の短期滞在型プログラムから数年におよぶ留学や専門家として海外プロジェクトに参加する場合などさまざまな形態が想定される。短期滞在の場合と長期滞在の場合の安全管理には共通事項も多いが、この章では海外に3ヶ月以上の長期滞在[1]をする際の安全管理を中心に説明する。

生活習慣・環境の違いによるトラブル

「世界一乾燥した大陸」と言われているオーストラリアは慢性的な水不足問題を抱えている。シャワーは4分まで、洗車にホースは使用禁止、庭の水やりにスプリンクラーは禁止など、この国では常識である習慣を理解しておかないと思わぬトラブルの原因となる。日本では無駄遣いをするという意味で「湯水のごとく使う」と言うが、世界の陸地の41％が乾燥地であり、このような国々では水が貴重な資源であり、生活用水の確保が住民にとって重要な課題である。そこまで水の使用が厳しくない国でも、日本人留学生が日本と同様に水を使用した結果、ホームステイ先の家庭1週間分の貯水タンクが数日で空になってしまったり、排水施設から水があふれ出たりというトラブルも生じている。ホストファミリーの手伝いで食器を洗ったりするときも、その家庭の節水方法を聞いてみるなど、生活習慣などの違いへの配慮がトラブルを未然に防ぐ上で重要である。

1　3ヶ月以上海外に在留する者は旅券法によって在留届の提出を義務づけられていることから、ここでは3ヶ月以上の滞在を長期滞在とした。

1）短期滞在と長期滞在によるトラブルの違い

　異なった文化を持つ国や地域に比較的長期間滞在する場合には、多くの人がいわゆるカルチャーショックを受け、抑うつ感を抱く[2]。短期滞在でも長期滞在でも安全管理に関しては共通点も多いが、長期滞在の場合には同じ場所で一定期間生活することから、短期滞在とは違う種類のトラブルに遭う可能性がある。長期滞在者の多くは、当初のホテル滞在からマンションや独立家屋に移動し、使用人を雇ったり車を運転して通勤や通学をするなど、短期滞在とは異なる生活が始まることに伴うリスクを抱えることになる。長期滞在時には現地へ到着直後からさまざまな、しかも慣れない手続きをする必要があり、語学力不足、制度や習慣の違いからトラブルやストレスを経験することも少なくない。親しい友人が得られなかったり、コミュニケーションが上手くとれないために孤独に陥り、ホームシックにかかったり環境不適応を起こすこともある。特に開発途上国に滞在する場合には、現地側の受け入れ体制が万端整っていることはまれであり、仕事の進め方も効率的でないなど日本でのようには進まないことを覚悟する必要がある。

2　Colleen A. Wardら（2001）. The Psychology of Culture Shock, Routledge.

2）海外における事件・事故の傾向

　2013年海外邦人援護統計によると、2013年に我が国在外公館および財団法人交流協会が取り扱った海外における事件・事故などに関わる日本人の総援護者数は19,746人であった。本統計では長期滞在と短期滞在の区別はされていないが、このうち比較的長期の滞在に関係があると考えられるテロを含む犯罪被害、傷病、事故・災害および精神障がいなどの人数とその割合を図2に示した[3]。

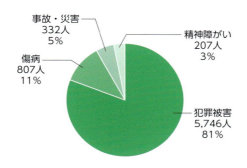

図2　2013年海外邦人援護の内訳（人数および割合）

参考 「2013年海外邦人援護統計（外務省）」より筆者作成

　犯罪被害のうち窃盗が4,660人と犯罪被害全体の81％を占めるが、死亡率は0.5％と低い。しかしながらテロによる被害の発生件数は2件と少ないものの、被害者18人中10名が死亡しており特筆される。次に傷病では807人中422人が死亡しており、健康管理の重要性が示唆される。事故・災害のうち、交通機関事故が143件（184名）と最も多く、29名が死亡している。次に多いのがレジャー・スポーツ事故の69件（83人）で、うち44名が死亡するなど死亡率が高いことに留意すべきであろう。精神障がいは207名で、死亡者はいないものの精神面での支援の重要性が示唆される。原因が不明であるため図2には含めなかったが、自殺・同未遂も75名報告されており、精神面での問題との関連も想像される。ストレスへの耐性の強弱は人それぞれであるとともに、日本から離れて海外で生活してみて初めてホームシックに陥ったり、不安感や孤独感にさいなまれたりする場合がある。電話やインターネットで家族や友人と連絡を取ったり、渡航先で友人を見つけたり、趣味やスポーツで気分転換を図るなどの工夫を試みたい。また、海外旅行保険によっては電話による悩みの相談に対応するものもあり、このようなサービスも活用すべきである。

3　犯罪被害、事故・災害は新規事案のみ、傷病、精神障がいは新規および継続事案を含む。

3）海外におけるリスクの傾向

長期滞在の場合にリスクが高くなると考えられるテロ・紛争など、および自然災害について、現状とその背景、今後の発生傾向について述べる。

(1) テロ・紛争など

1970年から2013年までに全世界でテロは12万5,087件発生したが、2013年には1万1,953件と、全体の9.6％のテロが1年間で発生するなど、急激にテロのリスクが高まっている（図3）。紛争やデモ・暴動はテロと類似した背景を有するが、不用意に近づいて巻き込まれなければ問題は少ない。しかしながらテロの場合には、政治的な目的や身代金を目的として誘拐されたり標的となる危険性があるので、一層の注意が必要である。テロや紛争などの背景と今後の動向の見通しについて次に述べる。

a．民族・宗教間の対立

民族や宗教間の対立がテロ・戦争・紛争・デモ・暴動などの原因と指

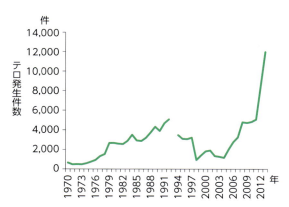

図3　全世界のテロ発生件数（1970－2013年）

出典 National Consortium for the Study of Terrorism and Responses to Terrorism (START). (2013). Global Terrorism Database [Data file] より筆者作成
注：1993年分のデータはデータベースに掲載されていない。

摘されている。中でもアルカイダ（Al-Qaeda）をはじめとするイスラム過激派組織が国際的にテロ活動を展開しており、政情を不安定化させる要因となっている。最近では「過激派組織IS＝イスラミックステート」（イスラム国、ISIL、ISISとも標記される）によるテロ活動が活発化している。2015年１月に発生したISによる日本人殺害を機に、日本人を対象としたテロ活動の増大が危惧される。

b．貧富の格差の拡大

　2000年代以降著しい経済成長を遂げているBRICsと呼ばれるブラジル、ロシア、インド、中国をはじめとする新興国では所得水準が上昇する一方、国家間・国内の貧富の格差が拡大している。2015年１月、世界的なNGOであるOxfam Internationalが格差に関する報告書を発表した[4]。本報告書によれば、「世界の富裕層上位１％が所有する富の割合は2009年の44％から、2014年には48％に増加し、格差の拡大が抑制されなければ2016年までに50％を超える」としている。貧困は犯罪のみならずテロの温床とも考えられており[5]、貧富の格差の拡大傾向にある国や地域では一層の注意が必要であろう。

c．新たな対立要因

　気候変動に関する政府間パネル（IPPC）第５次評価報告書では、気候変動によって飲料水などの分配を巡って国家間の紛争が増える恐れがあるとしている。また、環境破壊および資源の欠乏により、内戦または国家間の紛争を惹起する恐れがあることが指摘されている[6]。国連によると2050年には世界人口は96億人に達し、食料は現在の1.6倍必要になるとされており、今後水や食料あるいは資源を巡って紛争の拡大が懸念される。

（2）自然災害

　近年、世界各地で自然災害が多発している（図４）。2015年１月には、アフリカのマラウイで大雨による大規模な洪水が発生し、10万人以上が家を失うなど、同国28県のうち15県が大きな被害を受けた。台風や

図4　自然災害の報告件数（1975－2011）

出典　「The International Disaster Database」より改変して引用

洪水などの風水害のようにあらかじめ対策を検討することの可能な災害もあるが、地震のように突然発生するなど予測の困難な災害もある。自然災害による被害規模は、滞在国の防災対応力によって大きく左右される。開発途上国や新興国では、社会基盤が脆弱である上に防災のための予算が十分でない場合が多いため、被害が甚大となることがある。このような国や地域に滞在する場合には、災害に対する備えを行うなどの注意が必要である。

4　「2016年までに富裕層上位1％が富の半分以上を保有」
　　http://oxfam.jp/whatwedo/cat13/cat2/20161.html
5　国際協力事業団（2003）．『開発課題に対する効果的アプローチ　貧困削減』．
　　他方、貧困はテロの直接的な原因ではないとの指摘もなされている。例えば、小野圭司（2008）．テロ予防手段としての政府開発援助．防衛研究所紀要10（3）1-22.
6　「紛争と開発に関するG8イニシアティブ」
　　http://www.mofa.go.jp/mofaj/gaiko/summit/kananaskis02/g8gai_f_ini.html

4）海外で長期滞在をする場合の一般的留意事項

　図1に示したように、治安の度合いは国・地域によって大差があるとともに、犯罪や事故の種類も千差万別であり、しかも状況によっても大きく変化する。従って、安全対策にはこれだけ守っていれば大丈夫という方法はない。このため海外渡航者は「自分の生命・財産は自ら守る」という自己責任の原則を十分に認識し、「目立たない」「行動を予知されない」「用心を怠らない」という安全のための基本を励行することが重要である。

（1）目立たない

　外国人は外国に滞在しているだけで目立つ。特に日本人は裕福であると思われていることを念頭に置き、目立つような服装や行動は避けるなど常に慎重な行動が求められる。貧富や階級格差の激しい国や地域、あるいは経済の低迷している国では犯罪の増加する可能性が高まる。このような場所で贅沢品や高価なものを持っていたり、夜遅く暗い道を歩くことなどは犯罪を誘発しかねない。またその国の文化や習慣に触れるようなこと、例えばイスラム圏では、女性の場合は肌を露出しない、異性との会話や言動に注意するなど、その国の宗教や慣習に配慮する。女性がお酒やたばこを嗜むのを好ましく思っていない人が多いにもかかわらず、お酒やたばこを嗜むなどの行為は人びとの反感を買い、犯罪を誘発する恐れがあるので注意すべきである。外国人だからかまわないとの考え方は危険である。

（2）行動を予知されない

　学校や職場に行くときに決まった時間に家を出て、決まった時間に帰宅する、通学や通勤経路がいつも同じ、週末には決まった場所で買い物や余暇を過ごすなどのパターン化された行動は、誘拐や犯罪の標的となる可能性が高くなる。また、行動予定や行き先などをカレンダーや黒板など人目に触れる場所に書いていたり、使用人をはじめ多くの人に知ら

れることは危険である。関係者以外にはわからないような暗号や記号を使うなどの慎重さが求められる。

> ### 留学先での軽率な行為によるトラブル
>
> 　2003年10月、日本人留学生が留学先の大学で開催された文化祭で行った寸劇がその国の人びとを不快にする内容であったと受け止められ、大規模な反日デモ・反日暴動が発生した。留学生寮を約1,000人が取り囲み、謝罪を求めた。興奮した40～50人が寮内に突入し、寸劇とは関係の無い日本人学生に対しても殴るなどの暴力を振るった。日本の外務大臣は「留学生は相手の国の風習や習慣を十分に理解していくのが当然。非常に無感覚だ」と留学生らを批判した。
>
> 　関係者によると、文化的、学術的な出し物が続くきまじめな催しの場で、留学生3人は「日本」「♥」「(留学先の国名)」と書いたTシャツを着用し、下品な寸劇を行った。主催者側が慌てて途中で幕を閉めた。留学生たちは「日本との友好を訴えるつもりだった」としているが、寸劇が相手国民を侮辱したと誤解、あるいは誰かが事実を歪曲したとの見方もあるが、抗議を呼びかけるビラが配られ大規模デモにつながった。留学生らは、私たちの行為はその国の「思想、民族性、文化、風俗習慣への理解を欠いていました。深く反省し、おわびします」と謝罪し、留学半ばで帰国することになった。

(3) 用心を怠らない

「目立たない」および「行動を予知されない」も用心を怠らないことの一環ではあるが、日頃より次に述べる予防対策を心がけ励行することが、犯罪や事故などのトラブルに巻き込まれる確率を下げる上で重要である。さらに「自己防衛している」ことが犯罪者側にわかることにより、

「ハード・ターゲット（狙いにくい相手、困難な標的）」であると思わせることにもなり、これが犯罪対策の基本といえる。

a．滞在国の法律、宗教、習慣、国民性などをよく理解し、文化や慣習の違いによるトラブルを避ける。

b．政治、経済、社会の動向に敏感になる。

c．相互理解を図り友好関係を構築して、現地社会に早く溶け込む。

d．治安情報あるいは対日感情など、安全に関する情報がいち早く得られるような人間関係を形成する。現地の状況は日々変わっており、適切な対応を取るためにも現地の人との信頼関係を構築して、最新の情報が得られるようにすることが重要である。なお、現地の人とのつきあいの中で、相手の親切や依頼をどうしても断わざるを得ないときには、その理由をはっきり説明しつつ上手に断る。個人的に恨みを買ったときの犯罪は、計画的かつ残忍になる恐れがあることに留意すべきである。

e．一般犯罪の種類、緊急事態・テロ・誘拐などの可能性など、滞在国特有のリスクや特徴を把握する。

f．在留届の提出

　外国に住所または居所を定めて3ヶ月以上滞在する者は、旅券法（昭和26年法律第267号）第16条により、当該住所または居所を管轄する領事館の領事官（領事館の長）に届け出なければならないとされている（以下、当該届を「在留届」という）。また、旅券法施行規則（平成元年外務省令第11号）第11条第2項により、住所、居所そのほかの届出事項に変更が生じたときおよび当該届出をした領事官の管轄区域を去るときは、その旨を届け出なければならないとされている（以下、当該届を「変更届」という）。在留届および変更届は領事館が邦人の安全を確保するための基本情報であり、在留届などの情報を元に領事館が緊急事態の発生時に迅速な安否確認を行うことができるので重要である。なお、インターネットによる在留届電子届出システムによる届出も可能である。

参考「外務省ORRnet」
https://www.ezairyu.mofa.go.jp/RRnet/

g. 住居の安全対策、災害に備えた水や食料の備蓄（１週間程度分）をはじめとして、安全対策は悲観的に準備し、楽観的に行動する。

h. 自己防衛の習慣化

見慣れない車が時々止まっている、こちらを伺うような視線を感じるなどの徴候を感じたら自分が犯罪の標的になっている可能性も否定できない。このようなときの対処方法をあらかじめ想定しておく必要がある（例えば休暇を取るとか、ホテルにしばらく滞在するなど）。運転手付きの車に乗っている場合でも、運転手が居眠り運転をしていないか、スピードを出し過ぎていないかなどの気配りをすべきである。このようなときには運転手を起こして休息させたり、スピードを緩めるように注意することが自己防衛につながる。

> **慣れない国、不自由な言葉の中で、円滑な人間関係の構築、仕事の進め方のヒント**
>
> ・相手側の信頼を得る
>
> 　仕事に取り組む姿勢が真摯であれば、言葉の出来不出来を越えて相手側の信頼が得られ、信頼が得られれば自ずと仕事は進む。
>
> ・洞察力（推察力）を身につける
>
> 　言葉ができない時は、それだけ洞察力・推察力が必要になる。開発途上国では、人々の組織・仕事に対する忠誠心・権限についての考え方、労働観など日本と違うことが多いが、それにはそれなりの歴史的背景や社会の現実がある。この点を早く理解することが洞察力を養い、円滑な仕事を進めることにつながる。参考図書や関係の業務報告を読むなどして社会制度などの相違を理解することが重要である。
>
> ・言葉が不自由な分、手間を惜しまない
>
> 　重要事項はメモを作り相手側に渡して確認するなど、それなりの意志疎通への手間と努力が肝心である。

i．長期間の滞在のため、健康管理および精神衛生に配慮する。
j．外出の際の留意事項

　夜間の単独外出は避けるなど、外出時には安全な時間帯を選ぶ。また、タクシーを利用する際には呼び出し形式のタクシーなど、安全性の高い交通手段を選ぶ。国によっては流しのタクシー、バス、地下鉄なども危険な場合があるので、滞在国の状況をよく把握することが重要である。
k．保険内容などの確認

　海外で長期滞在する場合、住居や自動車に関する賠償責任の給付額と内容について十分検討する。滞在国の保険では不十分な保障内容である場合がある。滞在期間の延長時や保険契約期間の終了時に保険の更新を忘れることがあるので、契約期間の延長手続きに注意すること。

5）個別の安全対策

　海外で滞在する際に想定されるリスクには、一般犯罪、緊急事態（テロ、暴動、クーデター、内乱、内戦、戦争、大規模な事故、誘拐）、天災、火災、交通事故、疾病などが想定される。これらと関係の深い事項として、住居、車の運転、緊急事態（特にテロ）および誘拐などに関する安全対策、健康管理についての具体的な方法を次に説明する。

(1) 住居の選定

　住居の選定に当たっては以下の点を考慮し、安全面で問題が無いかを十分に確認して物件を選ぶ。
a．マンションなどの集合住宅は、独立住宅に比べて一般的に安全度が高い。ただし、信頼できる警備員の存在、出入り口および駐車場の安全対策の状況が良好であることを確認する。
b．集合住宅の場合、3階から6階程度までの部屋が望ましい。これは3階より下は不審な人物の侵入が比較的容易であり、また火災の場合にはしご車が届く範囲はおよそ6階である。住居の近くに容易に登れるような木や構造物の有無、他方屋上からロープなどを使って降りて

きて、窓から侵入する可能性にも気を配る。
c. 市街地図を入手して通勤、通学、買い物先の位置関係、道路の状況や交通機関の利便性などを確認して住居の場所を検討する。
d. スラム街の存在など、治安状況の悪い場所から離れた場所を選ぶ。
e. 住居には2本以上の幹線道路から複数の道路によって近づけることが望ましい。袋小路や見通しの悪い通り沿いの物件は避ける。
f. クーデターや内戦は、空港、政府機関、軍の施設や警察、政府要人の自宅、テレビ・ラジオ局で発生することが多いので注意する。
g. テロの標的となる可能性の高い国の大使館および関連施設、その国をイメージするホテル、レストラン、喫茶店などの近くは避ける。
h. 住居の近くに身を隠せるような場所(茂み、空き家など)や住居を監視できるような場所がないことを確認する。
i. 学校や勤務先、スーパーマーケットなどのように、ほとんど毎日出かける場所までの安全性を確認する。
j. 尾行などいざというときの一時的な避難場所として、警察や病院などの公的機関、ショッピングモールなど人の多い場所を確認しておく。
k. 古い物件、スプリンクラーなどの防火設備、非常階段、警報装置などの保安設備が不十分な物件は避ける。
l. 適当な物件が見つからないときでも、焦らず探すことが重要。

(2) 住居に関する安全対策
a. 新しく入居する際には、出入りするためのすべてのドアの鍵と錠前を交換する。使用人を変えたときも同様。ドアやチェーンの強度を確認する。
b. 出入り口には二重三重の鍵、覗き穴、チェーンを取り付ける。家の中のドア(寝室など)にも鍵を取り付ける。なお見知らぬ人が来た場合にはチェーンをしたまま相手を確認する。
c. 玄関は照明で明るくする。
d. 治安状況によっては塀の上に有刺鉄線や窓に鉄格子などを設置する。

e．外部からカーテンなどで室内が見えないようにする。厚手のカーテンは爆弾が爆発した場合、ガラスの破片が室内に入るのを防ぐ効果もある。
f．施錠し忘れていないか確認する。
g．帰宅時にドアの錠が壊れていたり、傷跡が付いていたり、おかしいと感じたときには室内に泥棒がいる恐れもあるので、入室は慎重に行う。
h．隣人がどのような人物か可能な限り確認しておくと共に、信頼関係を築くように心がける。
i．長期間不在になる場合には新聞や郵便物の配達を停止してもらい、郵便受けに新聞や郵便物がたまった状態にしない。知人に頼んで郵便受けなどにチラシなどが貯まっていないか確認してもらうようにする。

(3) 訪問者に関する安全対策

訪問者が来た場合には、すぐには扉を開けず覗き窓から訪問者を確認する。確認後、扉を開けるときにも安全チェーンをかけたまま、もう一度確認してから扉を開けるくらいの慎重さが必要（不審な人物が陰に潜んでいる可能性もある）。時として荷物やピザなどの宅配人、警官の制服を着用したり、工事人を装って室内に入り込むという犯罪もある。不審な点がある場合には訪問者の所属先に電話で確認する。

(4) 電話に関する安全対策

a．電話がかかってきたときには、自分からは名乗らず相手に名乗らせる。こちらの電話番号を教えない。使用人にも徹底させる。
b．緊急連絡先の電話番号を貼っておく。緊急の際の言葉を現地語で言えるようにしておく。
c．電話番号を電話帳に載せない。
d．本人や家族の予定などの問い合わせがあった場合、相手が確かなとき以外は教えない。

e．滞在国での電話のかけ方を覚えておく。

(5) 使用人を雇うときの安全対策：家政婦

　長期滞在の場合、毎日あるいは週に何日などという条件で部屋の掃除などを頼むことがある。このような際に次の点に留意すべきである。

a．身元の確かな人物を選ぶ。このために同僚や先輩などから信頼できる家政婦を紹介してもらい、身分証明書の写しを保管する。できれば犯罪歴調査をすることが望ましい。また、滞在国の雇用に関する法令（労働・雇用条件、社会保障、税金関係など）をよく確認しておく。

b．家政婦にも安全対策の重要性を認識させる。来訪者への対応のしかた、ドアの開け方、鍵の管理、電話の応答、不審な人物や家の周囲に異変がないかなどの安全対策について具体的に説明する。

c．許可なく来訪者を敷地内、あるいは住居内に入れないようにする。

d．現金や貴重品などの保管を厳重にして、家政婦の目に触れないようにする。

e．解雇する場合には、恨みを買わないように滞在国の法律に従い円満に対処する。

(6) 使用人を雇うときの安全対策：運転手

　滞在国における交通事情が悪く、あるいは治安状況が悪い場合には自分自身による運転は避け、運転手を雇うことが賢明な場合がある。このような際には次の点に留意する。

a．身元の確かな人物を選ぶ。このために同僚や先輩などから信頼できる運転手を紹介してもらい、身分証明書の写しを保管する。できれば犯罪歴調査をすることが望ましい。また、滞在国の雇用に関する法令（労働・雇用条件、社会保障、税金関係など）をよく確認しておく。

b．誘拐防止の観点から運転手にはドアの開閉をさせず、ドアは自分で開け閉めする。

c．安全運転講習を受講させるなど、安全運転意識および技能の向上を

図る。専門会社から運転手を派遣してもらう場合には、安全運転訓練を行っているかを確認する。
d．雇用主が車を離れる場合には、運転手は車の中、あるいは近くで待機するように指示する。また、携帯電話などですぐに連絡が取れるようにしておく。
e．通勤経路は複数用意し、通勤経路と時間を毎日変える。
f．非常事態が発生した場合の運転手との合図をあらかじめ決めておく。
g．解雇する場合には、恨みを買わないように滞在国の法律に従い円満に対処する。
h．（一時的に雇用した運転手でも同様であるが）長距離運転の場合には運転手が疲労したり、居眠り運転をしたり、速度を出しすぎたりしないように、同乗者が注意する。

(7) 自分で車を運転する場合の安全対策

途上国では自動車や道路および交通安全設備の整備状態も悪く、現地の人の運転は交通法規を守らず大変乱暴なことが多い。自分の運転に関して下記の注意事項もさることながら、ほかの自動車の出方・運転の様子にも絶えず注意しながら運転しなければならない。
a．滞在国における運転の様子（運転の荒さ）や道路の状況を把握し、慣れるようにする。
b．車両整備を確実に行う。
c．ガソリンは常にガソリンタンクの半分以上は残しておく。
d．緊急時のために、スペアータイヤ、工具、消火器、懐中電灯、救急セットなどを備えておく。
e．前の車との車間距離を長めに取るほか、後続車が自分を尾行していないかなどほかの車の動きにも注意を払う。
f．保険、車検、税金の支払い、購入および売却時の手続きなどを確実に行う。
g．レンタカーなどを利用する場合にも、車両の整備状況やタイヤの状

態、スペアタイヤの有無を確認する。

（8）緊急事態（特にテロ）に関する安全対策

滞在している国で何らかの緊急事態が発生した場合には、まず日本の家族や所属先の緊急連絡先および現地の大使館や領事館に、自分および関係者が無事であるのか、どのような状況であるのかを報告することが重要である。日本のニュースで現地の状況が報道された時点で家族や大学などの関係者に情報が伝わっていないと家族や関係者は大変混乱する。状況が悪化するにつれて、電話回線が不通になり携帯電話もつながりにくくなるので、早めの連絡が肝心である。電話が通じにくいへんぴな場所に滞在する場合には、衛星携帯電話の携行が望まれる。緊急事態が発生した場合には通常、派遣元の大学には危機管理対策会議などが設置されるので、その指示もしくは領事館の指示に従って行動する。

a．テロの標的となる可能性のある国の大使館、政府関連機関をはじめとする施設には近づかない、かつ利用しない。
b．集会、デモなどには近づかない。
c．普段から治安情報を入手し、現地の情勢に敏感になる。
d．身近で大きな事故やテロなどが発生した場合には、速やかにその場を離れて身の安全を確保する。
e．食料や水を１週間分程度備蓄しておく。

（9）誘拐

誘拐犯は、まず狙いをつけた人物について派遣元、勤務先、家族、会社案内などの公表資料から、本人の写真、車のナンバー、出勤・退社時間など、できるだけ多くの情報を集めると言われている。このため誘拐には必ず兆候がある。それを発見するためには、少しでも普段と違う点がないか注意を怠らないことが重要である。

a．誘拐リスクの存在を常に意識し、身の回りのいつもと違う何かに敏感になる。例えば不審者、無言電話、見慣れない車の駐車、周囲の異

変などの事件の予兆を見逃さない。不審に感じたときはすぐにあらかじめ決められた緊急連絡先、もしくは大使館または領事館へ連絡する。状況によってはしばらくホテルに移動するなどの対応を行う。
b．行動を予知させないために、決まった時間や経路で出勤、通学、食事、買い物、娯楽などに行かないなど、行動がパターン化しないようにする。
c．自宅および勤務先や通学先などの車の乗り降り時が最も誘拐の危険性が高いので、十分注意する。駐車場の構造や、車庫入れ、車庫出しの仕方にも配慮する。
d．自宅、服装、車、行動をはじめ、できるだけ目立たないよう心がける。立場上目立たざるを得ない場合は、それに見合った安全策をとる。
e．単独の行動は避け、外出する際は周囲に不審者・不審車両がないか注意する。
f．犯罪多発地帯には近づかない。
g．カレンダーに印をつけたり黒板に予定を書き込まないようにして、他人に自分や家族の行動予定を察知させない。

6）健康管理

　海外に長期滞在する際に多い健康上の問題としては、風邪、胃腸炎（下痢症）、歯科疾患、皮膚疾患などがあげられる。異環境・異文化の中での長期の滞在は、精神的にストレスを蓄積しがちであり、上手に気分転換を図るほか電話による心の相談などのサービスも積極的に利用するなど、精神面での健康管理も重要である。海外では高脂質、高タンパクで野菜が少ないなど偏った食事になりがちなので、食事にも配慮する。また、車での移動が多く運動不足になりがちであるため、適度な運動は精神的な気分転換にもなるので積極的に行うべきである。渡航先の国の状況にもよるが、一般的に海外での歯科治療は技術面あるいは衛生面などから適切な治療を受けるのが困難な場合が多いため、渡航前に必ず歯の治療は済ませておく。次に健康に影響する要因について概説する。

（1）環境の違い

　日本と渡航先の環境の違いによる健康へ及ぼす問題があげられる。例えば、熱帯では高温多湿による疲労や脱水、あせもなどの皮膚疾患がしばしば発生する。特に熱帯の乾燥地において野外作業や研究活動に従事する場合には、帽子やサングラスの着用、日焼け対策をするとともに水分を十分摂取して、脱水症や熱中症に注意しなければならない。マラリアやデング熱は蚊によって媒介され、世界の広範囲な所で問題となっている。肌の露出を減らす、蚊帳や網戸、蚊取り線香や虫よけを使用するなど、できる限り蚊に刺されないようにすることが重要であり、その対策を怠らないこと。海外では狂犬病をはじめとする命に関わる危険な病気が潜在するとともに、毒蛇など危険な動物も潜んでおり、イヌのみならずあらゆる動物には安易に接触しないようにする。

（2）衛生状況の違い

　開発途上国の衛生環境は一般的に日本より悪く、生ガキをはじめとする海産物によるA型肝炎もたびたび発生しており、生ものは避けた方が無難である。このように衛生環境は日本より悪い場合が多いため、信頼の置けるレストランを選ぶなどの配慮も必要である。通常水道水はそのままでは飲料に適していないので水道水を煮沸したり、限界ろ過膜で精製した水を詰めたペットボトル水を利用すべきである。健康に関しては、「第6章　渡航先での病気と感染症」にも詳細が述べられているので、参照されたい。

> **補足資料** 海外に長期滞在するための海外安全マネジメント力の自己診断テスト

次の設問の回答を述べよ。回答例を参考にして、あなた自身の「海外安全マネジメント力」を自己評価せよ。

	設　問	回　答　例	自己評価
1	誰かがドアをノックした。そのとき、あなたはどう対応するか？	・相手が信用できる人であることが確認できるまではドアを開けない。 ・確認ができないときは、ドアを開けない、ドアチェーンをかけたままにし、相手を中に入れない。 ・手紙などはドアの下から差し入れてもらう。 ・身分証明書をドアの下から差し入れてもらって、相手を確認する。	
2	電話が鳴った。あなたは何に気をつけるか？	・自分の名前を名乗らない。 ・自分の電話番号を教えない。 悪い例：「○○さんですか？」 　－いいえ、××です。 　「あれ？ xxx-xxxxに電話をしたのですが、そちらは何番ですか？」 　－xx-xxx-xxxです。	
3	部屋の前に名札を付けてほしい、電話帳に名前を載せてほしいと言われたが、どうするか？	・名前を明らかにするようなものは付けない。電話帳にも載せない。	
4	宅配荷物が届けられたが、どうするか？	・心当たりのない荷物は受け取らない。 ・極力ドアを開けない。荷物はドアの外に置いてもらい、配達人がいなくなってからドアを開ける。 ・不審な荷物は開けずに、警察に通報する。 ＊妙に重い、重心がずれている、電線のコードがはみ出している、油がにじんでいる、変なにおいがする、振るとごとごと動くなど、不審な荷物は爆弾が入っている可能性を疑う。	

	設　問	回　答　例	自己評価
5	住宅、下宿に入居するときには何を確認するか？	・出入り口の鍵を交換する（家主がやってくれないときには、自己負担でも交換する。ただし家主の許可はもらう）。 ・近隣に不審な建物はないか確認する。 ・部屋は3階以上6階以下を選ぶ。 ・建物の近くに大きな木がないか確認する。 ・鉄格子など、安全対策がなされているか確認する。	
6	怪しいと言うほどではないがちょっとした不審なことが起こった場合どうするか？	・ちょっとした不審なことでも注意を払うようにする。 ＊1人の人間を誘拐するときには、3ヶ月程度の準備期間が必要と言われている。事件の前には必ず予兆があり、これに気が付くか気が付かないかが命の分かれ目になる。 ＊事故の場合、「重大事故の陰に30倍の軽度事故と300倍のニアミスが存在する」（ハインリッヒの法則）といい、これを「ヒヤリ・ハット」という。「ひやり」としたり「はっと」したら、事故にならなかったからといって安心しないことが大切。 ※ハインリッヒの法則については7ページも参照。	
7	安全対策のために持っていた方がいい小物は何か？	・携帯電話 ・小型の懐中電灯 ・笛（地震の際に倒壊した建物などに閉じ込められた場合に、自分の存在を知らせる） ・携帯用の防犯ブザー ・大容量モバイルバッテリー	
8	保険には加入している？その内容は？有効期限は？	・滞在期間を延長した場合など、保険の更新手続きを忘れないようにする。現地の保険では補償金額が不十分な場合があるので、要注意。	

	設　問	回　答　例	自己評価
9	長期間家を空けるときに注意することは何か？	・新聞や郵便の配達を止める。 ・広告などの回収を誰かに依頼する。 ＊郵便受けなどに新聞や郵便物がたまっていることは住人が不在であることが明白であり、泥棒に入られる可能性が高まる。 ＊広告などがドアの隙間や郵便受けに差し込まれることがある。泥棒が住人が不在かどうかを確認するために入れている場合があるので早めに回収する。	
10	エレベーターに乗る場合に注意することは何か？	・怪しい人物が中にいる場合、また一緒に乗り込もうとした場合には、乗らない。 ・ボタンの近くに立つ（緊急時にボタン操作ができる場所）。	
11	通勤経路を選ぶ場合の留意点は何か？	・遠くても安全を優先する。 ・3ヶ所以上の経路を用意する。	
12	車を運転していたり、タクシーに乗っている際に、尾行と思われる車が後を付けてきた場合にはどうするか？	・ガソリンスタンド、コンビニなど人が多く集まる場所に立ち寄って時間をつぶしたり、警察に駆け込むなどして尾行をやり過ごす。自宅にはすぐには帰らないようにする。	
13	自分の滞在している国で大きな災害が起こったが、災害の起こった場所は自分のいる町からは遠いので大丈夫だったが、その場合でもすることは何か？	・自分の無事を親や大学の担当者に至急連絡をする。 ＊その国の事情がわからない人にとっては、例えてみれば九州も北海道も同じであり、大変心配している。大災害が発生すると次第に電話がつながらなくなるので、とにかく早く自分の無事を伝える。	

> **参考資料**

「草の根技術協力事業(草の根協力支援型・草の根パートナー型)実施の手引き②　実施上の安全管理について」
http://www.jica.go.jp/partner/kusanone/download/guidance/tebiki02_honbun.pdf（国際協力機構［JICA］）(2007)

第11章 メキシコ事情

ハリケーンについて

　メキシコのラパス市は乾燥地で、年間降水量が200mm以下と、普段は非常に乾燥しているが、8月〜11月と2月〜3月に降雨が見られ、9月〜10月は大型のハリケーンにより大雨がもたらされる。ラパス市内は、排水システムが日本のように整理されておらず、町中は一気に増水し、道路のいたるところでアスファルトが剥がれ水たまりとなり、水が引くまで1週間程度要する場合もある。また、生活線となる電気・水・情報供給施設が影響を受けやすい。ラパス市は南北に細長い半島であり、半島の物流を支えている道路並びに航路が自然災害の影響でストップしてしまうので、ハリケーン到来時には、注意が必要である。2014年にはサファ・シンプソン（Saffir-Simpson）スケールのカテゴリー3のハリケーンOdileがカリフォルニア半島に上陸し、空・陸・海路すべてが閉鎖となり、多くの観光客が足止めとなった。

ライフラインの確保

　大型のハリケーンによる被害を最低限に抑えるために、停電・断水などの対策が行われる。このため、ハリケーンが到来する前に、トイレや体を洗うための水をポリバケツやタンクに貯めておくことが必要となる。飲料用水には、別途市販のミネラルウォーターを準備しておくこと。停電時の対応として、懐中電灯（長期間にわたることがあるので、ソーラー式や手動充電式のものだと便利）を用意しておくといい。電圧の変化が激しく、電気製品を電源につなげておくと機材が故障する原因になるので、コンセントは外しておくこと。また、冷蔵庫も停電中は利用できないので、缶詰などの常温で保存できる食材を用意しておくことが必

要になる。インターネットは天候不良時にはダウンしやすく、次に不安定なのは携帯電話である。固定電話は比較的安定しているが、電線の切断などもあるので、災害時には複数の連絡手段を確保しておくことが望ましい。

　日本では問題のない程度の雨風でも、インフラの不整備により大災害につながる場合があるので、天気予報などから正確な情報を得て、現地の人々の指示に従うことが一番である。

病気の注意

　ハリケーンの時期、蚊が大発生し、デング熱を媒介するネッタイシマカ（Aedes aegypti）も増加し、デング熱への注意が必要になる。2014年のハリケーンOdileの上陸時には、デング熱の流行があった。デング熱の予防策は、ウイルスを媒介する蚊に刺されないように注意することである。蚊の多い場所に行くときは、蚊に刺されないように長袖・長ズボンなどの服で体を覆う面積を大きくさせる、また、普段から防虫スプレーなどを付けること。

　さらに、街中は下水が逆流し、不衛生な状況になる。このため、街中で調理をするハンバーガーやタコスなどの屋台は衛生管理が難しいため、その間はそういった場所で食べるのを避けるのが無難である。さらに、感染症も増えるので、外出後は手洗いなどに気をつける必要がある。

　また、海水浴についても、逆流した未処理の下水が海に流れ込むため、ビーチなどでの海水浴はハリケーンから１週間程度は避けた方がよい。ただし、海流の向きや潮の満ち引きの状況によって、海水の入れ替わるのに要する時間が異なるため、各自での判断が必要になる。

メキシコの交通ルールについて

　メキシコでは交差点には「ALTO」という標識が設置されている。これは、一時停止を意味するが、下記の通り２種類存在する。

① ALTOのみの場合
　前方が優先道路なので、一時停止する。

② ALTOの下に4ALTOSとある場合
　交差点では必ず一時停止し、先に停止線に到着した車から順に交差点に進入する。

③ ALTOの標識がない場合
　交差点では必ず一時停止する。

「ALTO」の標識は赤地に白文字

ラパスも近年自動車が急増し、信号機の設置が進んでいる。また、一部の幹線道路には通称TOPEと呼ばれる段差が設けられており、スピード抑制を狙っている。TOPEがある場所は道路標識で示されている。

「TOPE」の標識は黄色地に黒文字

道路上のTOPE

「速度落とせ」の標識は、白地に黒字

節水について（メキシコ）

　メキシコのラパス市は乾燥地で、年間降水量は130mmと日本の10％程度である。近年はさらに降水量が減少しており、年間降水量20mm程度の年もある。

　水源は地下水に依存しており、一般家庭ではタンクに貯めた水を利用している。タンクへの水の供給は数日に１回で、タンクの水を使い切ると、次の供給日まで水道は使えなくなる。

飲料水はガラフォンと呼ばれる18リットルのタンクで供給され、タンク1個の価格は12ペソ（およそ68円）程度である。
　※為替レートは2016年9月のものである。

日本での水の使われ方

1ヶ月あたりの平均使用水量

世帯人員	使用水量	世帯人員	使用水量
1人	7.7㎥	4人	25.1㎥
2人	16.0㎥	5人	29.7㎥
3人	21.2㎥	6人以上	35.0㎥

使用量の目安

用途	使い方	使用量
洗面・手洗い	1分間	12ℓ
歯みがき	30秒間	6ℓ
食器洗い	5分間	60ℓ
シャワー	3分間	36ℓ

MEMO

付録 I　渡航の手続き

(1) 留学に関する手続き
- 留学先を決めたら、留学先大学に必要な書類を提出する。
- 留学先大学から入学許可証をもらう。
- 留学に必要なビザの種類を確認する。

(2) 渡航に関する手続き
- 航空券とビザ（必要な場合）の手配をする。
- ビザの申請にあたり必要な書類を揃える。
- ビザの申請書類を提出し、必要に応じて面接を受ける。
- 自宅最寄りの空港から留学先最寄りの空港までのルートを検討する。
- 航空券を購入する。
- 留学先最寄り空港から滞在先までの交通を検討する、またはピックアップを依頼する。

(3) 日本の空港での手続き
- 空港アクセスを事前に確認しておく。特に、大規模な空港の場合、ターミナルが複数あり、自分が利用する航空会社がどのターミナルから出発するかを確認しておく。近年、コードシェアと呼ばれる共同運航が増えており、航空券上はA社の便名が与えられているが、実際には別のB社が運航をするケースが非常に多くなっている。便名とともに、実際の運航会社を確認しておくこと。
- あらかじめ両替をしておく。
- チェックインカウンターで、Eチケット（航空券）、パスポートを提出し搭乗手続きをし、搭乗券（ボーディングパス）を受け取る。必要に応じて、乗継区間の搭乗券も受取る。
- 手荷物検査を受ける。その時、PCは荷物から取り出して、別途検査を受ける。液体は100ml以下の容器であれば透明のビニール袋

に密封して持ち込み可能であるが、それ以上の容量のものは預け荷物に入れるかその場で廃棄することになる。
- 出国審査では、パスポートと搭乗券を提示し、出国のスタンプをもらう。
- 出発時刻の概ね45分前までに出発ゲートに行く。それまでは自由行動。免税店で買い物ができるが、液体については乗継便がある時には購入できない場合がある。
- 搭乗時に、パスポートと搭乗券を係員に提示する。この時に、アメリカ行きの便では手荷物検査や身体検査が実施される場合がある。

(4) 乗継ぎ空港での手続き
- 到着後、乗継（Transfer）の矢印に従い乗継検査場に向かう。シンガポール、クアラルンプール等の一部の空港では、直接次の便のゲートに向かう。
- 乗継検査場では、パスポートと次のフライトの搭乗券を提示し、日本出発時と同様の検査を受ける。
- シンガポール、クアラルンプール等の一部の空港では各ゲートで検査が行われる。
- 搭乗までは日本出発時と同様。
- アメリカの場合、乗継であってもまず入国審査、税関検査等を受け、その後乗継便のゲートへ向かう。

(5) 到着空港での手続き
- 到着（Arrivals）の矢印にしたがって、入国審査場へ向かう。入国審査では、パスポートと記入済みの入国書類を審査官に渡し、質問に答える。
- 荷物を引き取ったら、税関検査。ここでも書類を提出する場合がある。また、食品を持っている場合は、検疫が必要な場合がある。
- 到着ロビーに出たら、地上交通機関の乗り場に行くか、出迎えを待つ。深夜の到着の場合、信用できる人の出迎えを依頼する。

付録 Ⅱ　海外渡航時に事前に調べておきたい項目（参考）

渡航先	都市名（日本語）	
	都市名（英語）	
	機関名（日本語）	
	機関名（英語）	
	住所	
	電話	
	Eメール	
	担当者	
	役職	
	宿泊先名称（英語）	
	住所	
	電話	
安全情報	滞在都市におけるレベル（海外安全HP）	
	医療事情など（FORTH）	
	予防接種	
渡航経路	往路	
	復路	
旅行保険	会社	
	事故時の連絡先	

最寄りの医療機関	名称（英語）	
	住所	
	電話	
	日本語	可・不可
	キャッシュレス	可・不可
	海外旅行保険	可・不可
	クレジットカード	可・不可
緊急連絡先	警察	
	消防	
	救急	
	最寄りの在外公館の名称	
	住所	
	電話	
	引率者（ガイド）	
	航空会社	
	旅行会社	
	保険会社	
	クレジットカード会社	
緊急帰国フライト	経路1	
	経路2	
	経路3	

付録Ⅲ　用語リスト（5ヶ国語）

英語	日本語
WAR/TERRORISM	戦争、テロリズム
Affiliated	系列化の、密接な関係のある
Aftermath	〔戦争などの〕余波
Al-Qaeda	アルカイダ
An explosion	爆発
Attack	攻撃
Automatic handgun	自動拳銃、自動小銃
Bloodshed	流血
Bomb	爆弾
Bomb scare	爆弾の恐怖
Bombing	爆撃
Bullet	弾丸
Car bomb	自動車爆弾
Casualty	死傷者
Chemical weapon	化学兵器
Combat zone	作戦地帯
Conflict	紛争
Counterterrorism	テロ対策
Cyber Terrorism	サイバーテロ
Death toll	死亡者数
Defuse a bomb	爆弾の信管を抜き取る
Detonator	雷管
Dirty bomb	汚い爆弾、ダーティーボム
Domestic terrorism	国内テロ
Extremism	過激主義
Fanaticism	狂信
Firearm	小火器
Fundamentalist	原理主義者
Guerrilla force	ゲリラ勢力

韓国語	中国語 (簡体字)	スペイン語
전쟁 테러	战争，恐怖活动	Gerra/Terrorismo
소속된 연계된	附属	Afiliado
여파	[战争等的] 余波	Consecuencia
알카에다	基地组织	Al-Qaeda
폭발	爆炸	An explosión
공격	攻击	Ataque
자동 소총	自动手枪	Pistola automática
출혈	流血	Matanza
폭탄	炸弹	Bomba
폭파 협박	爆炸恐怖活动	Amenaza de bomba
폭격	轰炸	Bombardeo
탄환	子弹	Bala
차량 폭탄	汽车爆炸	Carro bomba
사상자	死伤人员	Víctima
화학병기	化学武器	Arma química
작전지대	作战地带	Zona de combate
분쟁	纷争	Conflicto
테러 대책	反恐活动	Antiterrorismo
사이버 테러	网络恐怖主义	Terrorismo cibernético
사망자수	死伤者数	Número de víctimas fatales
폭탄 신관 제거	化解炸弹	Desactivar una bomba
뇌관	雷管	Detonador
더러운 폭탄	脏弹	Bomba sucia
자국민 테러	国内恐怖活动	Terrorismo doméstico
과격주의	激进主义	Extremista
광신	狂信	Fanatismo
소화기	火器	Arma de fuego
원리주의자	原教旨主义者	Fundamentalista
게릴라 세력	游击队	Guerrilla

英語	日本語
Handgun	ハンドガン
Hijack	ハイジャック
Hostages	人質
Human right	人権
IED（Improvised Explosive Device）	即席爆発装置
Inhalation	吸入
Insurgency	反乱
Islamist	イスラム教徒
Jemaah Islamiyah	ジェマ・イスラミア
Kidnapper	誘拐犯
Letter bomb	手紙爆弾
Machine gun	機関銃
Militant	好戦的な
Military campaign	軍事作戦
Military operation	軍事作戦
Minority	少数派
Mujahedeen	ムジャディーン
Mujahid	ムジャヒディン
Operation	作戦
Radicalization	急進化
Refugee camp	難民キャンプ
Rifle	ライフル
Road-block	道路ブロック
RPG（rocket-propelled grenade）	ロケット推進グレネード
Sarin	サリン
Sarin Gas	サリンガス
Sectarianism	セクト主義
Shoe bomb	靴爆弾
Smoulder	燻る

韓国語	中国語（簡体字）	スペイン語
핸드건	手枪	Pistola
하이잭	劫机	Sucuestro
인질	人质	Rehén
인권	人权	Derechos Humanos
사제폭발물	简易爆炸装置	Artefacto explosivo improvisado
흡입약	吸入	Inhalación
반란	反乱	Insurrección/Rebelión
이슬람	伊斯兰	Islamista
제마 이슬라미야	回教祈祷团	Jemaah Islamiyah
납치범	绑架犯	Secuestrador
편지 폭탄	邮件炸弹	Carta bomba
기관총	机关枪	Ametralladora
전투	好战	Militante
군사 캠프	军事作战	Campaña militar
군사 작전	军事作战	Operación militar
소수파	少数派	Minoría
무자헤딘	圣战者	Mujahideen
무자히드	穆贾希德	Mujahid
작전	作战	Operación
급진화	激进化	Radicalización
난민 캠프	难民营	Campo de refugiados
라이플	基本建设	Rifle
도로 블록	路障	Barricada
RPG	火箭弹	Granada Propulsada por cohete
사린	沙林	Sarín
사린 가스	沙林毒气	Gas sarín
파벌주의	宗派主义	Sectarismo
신발 폭탄	鞋弹	Zapato bomba
들끓다	熏烧	Arder sin llama

英語	日本語
Soft Target	ソフトターゲット
Suicide bomber	自爆テロ犯
Suicide bombing	自爆テロ
Suspect	容疑者
Taliban	タリバン
Terror	テロ
Terrorism	テロリズム
Terrorist	テロリスト
Terrorist cell	テロリスト（通常3人から5人のメンバー）の下部組織
Unarm	非武装
War	戦争
Weapon of mass destruction	大量破壊兵器
Witness	証人
NATURAL DISASTER	自然災害
Avalanche	雪崩
Blackout	停電
Blizzard	猛吹雪
Cataclysm	大変動
Cyclone	サイクロン
Disaster	災害
Drought	干ばつ
Dust storm	砂塵嵐
Earthquake	地震
Fire	火災
Flood	洪水
Fog	霧
Forest fire	森林火災
Gale	大風、疾風
Geyser	間欠（温）泉
Gust	突風

韓国語	中国語（簡体字）	スペイン語
소프트 타깃	软目标	Objetivo fácil
자살 폭탄 테러범	自杀式爆炸犯	Hombre bomba
자살 폭탄 테러	自杀式爆炸	Atentado bomba
용의자	嫌疑犯	Sospechoso
탈레반	塔利班	Talibán
테러	恐怖活动	Terror
테러리즘	恐怖主义	Terrorismo
테러리스트	恐怖主义者	Terrorista
테러리스트	恐怖组织	Célula terrorista
무장해제	解除武装	Desmilitarizado
전쟁	战争	Guerra
대량 살상 무기	大规模杀伤性武器	Arma de destrucción masiva
증인	证人	Testigo
자연재해	自然灾害	Desastre natural
눈사태	雪崩	Avalancha
정전	停电	Apagón
눈보라	暴风雪	Ventisca
대재앙	激变	Cataclismo
저기압	气旋	Ciclón
재앙	灾害	Desastre
가뭄	干旱	Sequía
모래 폭풍	沙尘暴	Tormenta de arena
지진	地震	Terremoto
화재	火灾	Fuego/Lumbre
홍수	洪水	Inundación
안개	雾	Niebla
산불	森林火灾	Incendio forestal
강풍	大风，疾风	Vendaval
간헐천	间歇性（温）泉	Géiser
돌풍	阵风	Ráfaga

英語	日本語
Hail	雹（ひょう）
Hailstorm	あられを伴う嵐
Heat wave	猛暑
Hurricane	ハリケーン
Ice	氷
Iceberg	氷山
Lava	溶岩
Lightning	雷、稲光
Magma	マグマ
Permafrost	永久凍土層
Rainstorm	暴風雨
Richter scale	リヒタースケール（地震のマグニチュードを示すスケール）
Sandstorm	砂嵐
Seismic	地震性の
Sink	沈下、陥没
Sinking	沈没
Snowstorm	吹雪
Spill	流出
Storm	嵐
Thunderstorm	雷雨
Tornado	竜巻
Tremor	微震
Tsunami	津波
Twister	旋風、つむじ風
Violent storm	激しい嵐
Volcano	火山
Wave	波
Whirlpool	渦
Whirlwind	旋風
Windstorm	暴風

韓国語	中国語（簡体字）	スペイン語
우박	冰雹	Granizo
우박을 동반한 폭풍	雹暴	Granizada
혹서	酷暑	Honda caliente
허리케인	飓风	Huracán
얼음	冰	Hielo
빙산	冰山	Iceberg
용암	熔岩	Lava
천둥 번개	雷，闪电	Relámpago
마그마	岩浆	Magma
영구 동토층	永久冻土层	Permafrost
비바람	暴风雨	Tormenta de lluvia
리히터 규모	里氏规模	Escala de Richter
모래 폭풍	沙尘暴	Tormenta de arena
지진의	地震性的	Sísmico
침하	塌陷，下沉	Hundir
침몰	塌陷	Hundimiento
눈보라	暴风雪	Tormenta de nieve
유출	流失	Derramar
폭풍	风暴	Tormenta
뇌우	雷雨	Tormenta eléctrica
토네이도	龙卷风	Tornado
미진	微震	Temblor
쓰나미	海啸	Tsunami
회오리바람	［美国口语］旋风	Tornado
강한 폭풍	急风暴雨	Tormenta violenta
화산	火山	Volcán
파도	海浪	Ola
소용돌이	涡流	Remolino
선풍	旋风	Torbellino
폭풍	暴风	Tormenta de viento

英語	日本語
Windy	強風
CRIME	犯罪
Abduction	拉致
Accomplice	共犯
Arson	放火
Assassination	暗殺
Assault	暴行
Burglary	強盗
Drug trafficking	麻薬密売
Drunk driving	飲酒運転
False imprisonment	不法監禁
Forgery	偽造
Fraud	詐欺
Hacking	ハッキング
Human trafficking	人身売買
Jay walking	ジェイウォーキング
Minor crimes	軽犯罪
Murder	殺人
Organised crime	組織犯罪
Pick pocketing	スリ
Robbery	強盗
Running a red light	信号無視
Shoplifting	万引き
Smuggling	密輸
Speeding	スピード違反
Thief	泥棒
Vandalism	他人の所有物(公共物)の破損、器物損壊
PUNISHMENTS	罰
Community service	地域奉仕
Corporal punishment	〔刑務所で行われる〕体刑、〔学校で行われる〕体罰

韓国語	中国語（簡体字）	スペイン語
강풍	强风	Ventozo
범죄	犯罪	Crimen
유괴	绑架	Secuestro
공범자	共犯	Cómplice
방화	放火	Incendio provocado
암살	暗杀	Asesinato
폭행	暴行	Asalto
강도	强盗	Robo
마약 밀매	贩毒	Narcotráfico
음주 운전	酒后开车	Conductor ebrio
불법 감금	非法监禁	Detención ilegal
위조	伪造	Falsificación
사기	诈欺	Fraude
해킹	黑客	Hackeando
인신 매매	人身买卖	Tráfico humanos
무단횡단	乱穿马路	Peatón imprudente
경범죄	未成年犯罪	Crimen menor
살인	杀人	Asesinato
조직 범죄	有组织的犯罪	Crimen organizado
소매치기	扒手	Robo de cartera
강도	强盗	Robo
신호 위반	闯红灯	Pasar luz roja semáforo
도둑	行窃行为	Ladoron de tiendas
밀수	走私	Contrabando
속도 위반	超速	Exceso de velocidad
도둑	小偷	Ladrón
공공기물 파손	破坏，损坏	Vandalismo
벌	处罚	Castigos
지역 사회 봉사	社区服务	Servicio comunitario
체벌	体罚	Castigo físico

英語	日本語
Death penalty	死刑
Detention	拘留
Fine	罰金
Forfeiture	没収、科料、罰金
Grounding	〔悪いことをした子どもに対する懲罰としての〕外出禁止、自宅謹慎
Hospital order	院内指示
Isolation	隔離
Non-custodial sentence	非拘禁刑
Prison sentence	実刑判決
Revoke a license	ライセンスを取り消し
Scolding	叱ること
Suspend a license	免許停止
Suspended sentence	執行猶予
COURT LANGUAGE	裁判用語
Circumstantial evidence	状況証拠
Conviction	有罪判決
Court	裁判所
Defence	被告の抗弁
Defendant	被告
Evidence	証拠
Guilty	有罪
Hearsay	《法律》伝聞証拠
Innocent	無実
Judge	裁判官
Jury	陪審員
Justice	司法、裁判
Maximum/minimum sentence	最高・最低の判決
Penalty	〔犯罪に対する法的な〕(刑) 罰
Proof	証拠
Prosecutor	検察官

韓国語	中国語（簡体字）	スペイン語
사형	死刑	Pena de muerte
구류	拘留	Detención
벌금	罚款	Multa
몰수	没收，罚款，罚款金额	Pérdida
기초 교육	禁止外出	Castigo
병원내 지시	入院令	Orden hospitalaria
격리	隔离	Aislamiento
비구금형	非监禁刑	Pena no privativa de libertad
실형	监狱服刑	Pena de carcel
면허 취소	撤销牌照	Revocar la licencia
힐책	痛骂	Regaño
면허 정지	暂时吊销驾照	Suspender una licencia
집행유예	缓刑	Sentencia suspendida
재판용어	法庭用语	Términos de la corte
정황 증거	旁证	Evidencia circunstancial
유죄판결	定罪	Convicción
재판소	法院	Corte
항변	被告的抗辩	Defensa
피고	被告	Acusado
증거	证据	Evidencia
유죄	有罪	Culpable
전문증거	传闻证据	Rumores
무고	无辜	Inocente
재판관	法官	Juez
배심원	陪审员	Jurado
형법, 재판	司法，法院	Justicia
최대 / 최소 판결	最高／最低刑期	Máxima/mínima sentencia
패널티	刑罚	Pena/Multa
증거	证据	Prueba
검찰관	检察官	Fiscal

英語	日本語
Trial	《法律》〔刑事訴訟・民事訴訟における〕裁判、公判 《法律》〔刑事訴訟における〕審理
Witness	証人
MEDICAL	医療
Anaphylaxis	アナフィラキシー
Bite	噛む、刺す
Bleeding	出血
Burn	火傷
Casualty	死傷者
Choking	息苦しい
Death	死
Fatality	致死率
Fracture	骨折
Heart attack	心臓発作
ICU (Intensive Care Unit)	ICU（集中治療室）
Injury	〔交通事故などの自然発生的な〕けが、負傷、損傷
Life	生命
Poisoning	中毒
Shock	ショック
Sprain	捻挫
Sting	刺す
Strain	肉離れ
Stroke	脳卒中
Unconscious	無意識
GENERAL	一般
Asylum	亡命
Border	国境
Coast	海岸

韓国語	中国語（簡体字）	スペイン語
재판, 공판	审讯	Juicio
증인	证人	Testigo
의료	医疗	Médico
아나필락시스	过敏性反应	Anafilaxia
깨물다	咬	Mordedura
출혈	出血	Sangrado
화상	烧伤	Quemadura
사상자	死伤者	Víctima
질식	呼吸困难	Asfixia
죽음	死亡	Muerto
치사율	致死率	Fatalidad
골절	骨折	Fractura
심장발작	心脏发作	Ataque del corazón/Paro cardíaco
중환자실	ICU	UCI（unidad de cuidados intensivos）
상해	伤，负伤，损伤	Herida
생명	生活	Vida
중독	中毒	Intoxicación
충격	休克	Choque/Golpe
염좌	扭伤	Esguince
찌르다	刺	Picadura
근육 파열	应变	Deformación muscular
뇌졸중	中风	Ataque fulminante
무의식	无意识	Inconsciente
일반	一般	General
망명	避难所	Asilo
국경	国境	Frontera
연안	海岸	Costa

英語	日本語
Destruction	破壊
Disarmament	軍縮
Discrimination	差別
Fate	運命
Gang	ギャング
Immigrant	移民
Impoverish	悪化させる
Nightmare	悪夢
Nuclear	核の
Panic	パニック
Poverty	貧困
Prisoner	囚人
Ransom	身代金
Refugee	難民
Repatriate	送還
Rescue	レスキュー
Retaliate	報復する
Sanctuary	神聖な場所、聖域、聖所 〔野生動物の〕保護区域、禁猟区
Shelter	シェルター
Tragedy	悲劇
UN	国連
Uproot	根絶

韓国語	中国語（簡体字）	スペイン語
파괴	破坏	Destrucción
군비 축소	裁军	Desarmamiento
차별	歧视	Discriminación
운명	命运	Destino
갱	结伙	Pandilla
이민	移民	Inmigrante
악화시키다	恶化	Empeorar
악몽	恶梦	Pesadilla
핵무기	核	Nuclear
패닉	恐慌	Pánico
빈곤	贫困	Pobreza
죄인	囚犯	Prisionero
몸값	赎金	Rescate
난민	难民	Refugiado
송환자	遣送	Repatriar
구급, 구출	急救	Rescate
보복	报复	Tomar represalias/Vengarse
성역	神圣的场所 [野生动物]保护区，禁猎区	Santuario
피난처	庇护	Albergue
비극	悲剧	Tragedia
UN	联合国	ONU（Organización de las Naciones Unidas）
근절하다	根绝	Desarraigar

持ち物リスト

●仕事・勉強に必要なもの

●生活に必要なもの

●緊急時に必要なもの

●現地到着後調達するもの

MEMO

索 引

Eチケット	27, 77, 120
ESTA	23, 25, 26
eTa	23, 26
ETAS	23, 26
FORTH	32, 37, 122

あ行
アイスクリーム強盗	66
空き巣	69
安全情報	24, 29, 30, 31, 32, 86
安全対策	30, 31, 33, 99, 102, 103, 104, 105, 106, 107, 108, 112
いかさま賭博	68
インフルエンザ	40
エコノミークラス症候群	57, 58
欧州経済共同体	9, 10
欧州連合	9, 10, 11, 22
黄熱	25, 32, 38, 39, 45
置き引き	67, 68
押し入り強盗	66

か行
海外安全アプリ	24
海外旅行保険	5, 76, 80, 82, 83, 90, 91, 95
外貨両替	65
感染症関連情報	29
危機管理	5, 6, 91, 108
危険情報	29, 30, 31, 32
狂犬病	37, 39, 41, 52, 110
金庫	67, 69, 71
首絞め強盗	65
ケチャップ強盗	66
交通事故	53, 80, 103
強盗	65, 66, 70
国際予防接種証明書	25, 52
コレラ	43, 44

さ行
在外公館	18, 19, 21, 22, 23, 24, 25, 30, 31, 34, 52, 91, 94
在留届	23, 93, 101
詐欺	66, 68, 70, 77
査証	19, 23, 24, 25, 30, 32
査証免除	21, 25, 26
食中毒	44, 47
深部静脈血栓症	57, 58
睡眠薬強盗	66
スプレー強盗	65
スリ	55, 56, 67
セーフティーボックス	67, 71

た行
たびレジ	24, 29
道路交通に関する条約	13
特急誘拐	69

な行
夏時間	59, 60
偽警官	68
偽札	68
偽商品	68
偽ブランド	68

は行
羽交い絞め強盗	65
はしか（麻疹）	38
パスポート	12, 18, 19, 20, 22, 26, 68, 77, 83, 90, 120, 121
ビザ	12, 24, 25, 120
ひったくり	55, 56, 65, 66, 68, 93
日焼け	110
フォネティックコード	89
ぼったくり	69
ボトルマン	66

ま行
麻薬	5, 42, 46, 71
マラリア	40, 41, 45, 46, 52, 110
眼鏡強盗	66

や行
薬物	71, 72, 73

ら行
リスク	6, 7, 39, 94, 96, 101, 103, 108
リスク管理	5, 6
両替	65, 68, 69, 120
旅券	12, 18, 19, 20, 21, 23, 24, 93, 101

わ行
ワシントン条約	16, 17

著者略歴

●**竹田 洋志**（代表編集者）（第1～5章、第7～9章、第11章、付録Ⅲ）

　1993年京都大学農学部卒業、同大学院農学研究科修士課程修了、博士後期課程進学後、1996年鳥取大学農学部助手。2003年留学生センター（翌2004年国際交流センターに改組）講師に昇任し、留学生教育および海外派遣プログラムを担当。2005年より、海外派遣学生に対する危機管理セミナーを実施し、2009年より副センター長・准教授。これまでに学生の海外研修プログラムや国際会議等の業務渡航で15ヶ国訪問したが、2013年ウガンダ滞在中に健康上の問題で緊急帰国。その際、本書に書かれている内容を自ら実践。2013年より「海外安全マネジメント」の講義を担当。2013年より学外での海外渡航危機管理セミナーの講師も担当。

●**安藤 孝之**（第10章）

　1978年千葉大学園芸学部卒業、1980年同修士課程修了。2013年鳥取大学大学院連合農学研究科博士課程修了（農学博士）。国際協力機構（JICA）勤務を経て、現在鳥取大学国際交流センター副センター長。JICAでは1987年～1990年チリ事務所、1996年～2000年ホンジュラス事務所、2002年～2007年メキシコ事務所など、約10年間海外勤務を経験。その間、軍事政権下のチリでは隣家で爆弾の爆発、ホンジュラスでは日本史上初の自衛隊による国際緊急援助隊が派遣された大型ハリケーン「ミッチ」が襲来し、その後の復旧・復興支援業務にも携わる。また、メキシコ滞在時には、マグニチュード7.6とされるコリマ地震（2003年）、被災者数100万人とされるメキシコ南部の洪水（2007年）に際して緊急援助活動に携わったほか、自ら運転する車が不審車両に尾行された経験を持つ。

●**栗政 明弘**（第6章）

　1988年3月鳥取大学医学部医学科卒業、神奈川県立こども医療センターでのレジデント研修の後、同博士課程修了。臨床医として小児科一般、神経小児科、基礎医学として放射線生物学（DNA修復）、分子遺伝学、発がん機構を研究している。現在は、鳥取大学大学院医学系研究科機能再生医科学専攻の准教授としてだけでなく産学・地域連携機構、グローバル人材育成推進室、地（知）の拠点整備推進室の委員を併任し、地域から世界までグローカルに担当している。海外は、アメリカ、タイ、メキシコ、カナダ、インド、イタリア、ウガンダに滞在し、現地の医師、獣医師、JICA職員等から海外生活、特に医療問題に関して学んできた。特に、鳥取大学のメキシコ海外実践教育では、3ヶ月現地に滞在する学生の健康管理を担当し、その経験から海外生活に必要な健康の知識を記載した。海外生活のトラブルにもたくましく対応できることを期待している。

●千酌 浩樹（第6章）
　1988年鳥取大学医学部卒業、第三内科に入局。1996年同附属病院助手採用。1998年から2年間米国NIHへ研究留学。2005年より同医学部講師、2013年より同附属病院感染制御部准教授、2014年より同教授。感染症内科長、感染症専門医・指導医。同院で「トラベラーズクリニック」を開設し、海外渡航目的のワクチン接種と健康相談に応じている。患者さんと渡航先の国々の話ができるのが何よりの楽しみ。

●菱田 雅子（第12章）
　2002年鳥取大学農学部農林総合科学科卒業、2004年同修士課程修了。同年、国際協力機構（JICA）入構。在職中、農業分野の更なる専門性が必要と痛感し、2009年退職後、海外進学。2013年メキシコ北西部生物学研究センター博士課程修了（理学博士）。現在鳥取大学グローバル人材育成推進室特命講師。JICAでは、市民参加協力事業を通じて、開発教育、国際理解教育、異文化体験について一般市民にわかりやすいプログラムを提供すると共に、中東地域の農業農村地域の開発にも携わる。メキシコ留学中に、2人の子供の出産・育児を経験。日本とメキシコの医療レベルと社会保障制度の違いを実感する。これから海外に行く学生の皆さんには、ぜひ、違いを理解して、安全で楽しい海外渡航にしていただきたい。

●Frank K. Kalema（フランク・K・カレマ）（付録Ⅲ）
　2003年にマケレレ大学農学部（ウガンダ）を卒業後、2004年から2007年までウガンダ農業省に勤務。2008年、鳥取大学大学院に入学し、国際乾燥地科学で2010年に修士、2013年に博士（農学）を取得した。2014年、鳥取大学グローバル人材育成推進室コーディネーターとなり、ウガンダ海外実践教育プログラムを担当するなど現在に至る。

●崎原 麗霞（付録Ⅲ）
　中国福建省出身。1986年北京外国語大学日本語学部卒業、1988年同修士課程修了。1990年来日、沖縄県知事通訳、県関係業務の通訳を多数経験。2008年沖縄県立芸術大学大学院博士課程単位取得満期退学。2007年より鳥取大学国際交流センター講師、2011年より同センター准教授に昇任。全学共通科目である中国語教育を担当する傍ら、国際交流センターが展開する諸業務に携わっている。2007年より「夏期中国語・中国文化研修」を企画・実施（2014年より同プログラムが「台湾銘傳大学中国語研修」に改名）。また、中国人留学生のけが・急病・交通事故・手術等といった緊急事態に対応し続けてきた経験を持ち、危機管理の重要性を痛感している毎日である。

海外安全ハンドブック 第3版

2014年10月1日　初　版第1刷
2021年5月16日　第3版第3刷

監修　竹田　洋志（鳥取大学）
発行　今井印刷株式会社
　　　〒683-0103 鳥取県米子市富益町8
　　　TEL（0859）28-5551
発売　今井出版
印刷　今井印刷株式会社
製本　日宝綜合製本株式会社

ISBN978-4-86611-050-9
本書の無断複製（コピー）は著作権法上での
例外を除き、禁じられています。